Le Noël de M. Pickwick

étant un récit du Noël des Pickwickiens à la ferme du manoir, des aventures là-bas ; l'histoire du gobelin qui a volé un sexton et des célèbres sports sur glace

Charles Dickens

Writat

Cette édition parue en 2024

ISBN : 9789359946474

Publié par
Writat
email : info@writat.com

Contenu

INTRODUCTION

Commencer avec rien et finir avec quelque chose d'aussi grand que Pickwick est un exploit que peu d'hommes ont la possibilité de réaliser. Pourtant, il semble que Pickwick ait été créé de cette manière très aléatoire.

À l'âge de vingt-trois ans, Charles Dickens ouvrit sa porte à Furnival's Inn à l'associé directeur de la société « Chapman and Hall ».

L'idée alors proposée à Dickens était qu'une publication mensuelle devait servir de support à certaines planches qui seraient exécutées par Robert Seymour, admirable artiste-humoriste de grande popularité. Ceux-ci devaient traiter d'un club Nimrod et de leurs aventures, pêche, chasse, etc., rendues intensément humoristiques en exposant le manque d'expérience et de dextérité des membres. Dickens a été invité à fournir une presse typographique à ces images, mais il s'y est opposé au motif qu'il ne connaissait pas suffisamment le sport ou la vie du sportif pour produire un tel matériel et aussi parce que l'idée n'était pas nouvelle. Il pensait que les résultats seraient bien meilleurs s'il écrivait plus librement sur le peuple anglais et ses coutumes, et qu'il serait infiniment mieux que les planches s'inspirent du texte. Les suggestions furent acceptées et « j'écrivis ensuite », dit Dickens, « le premier numéro et, à partir des épreuves, M. Seymour fit le dessin du Pickwick Club, produisant ainsi cet heureux portrait du fondateur par lequel il devint réalité ».

Le 6 mars, le premier numéro mensuel des « Cahiers posthumes du Pickwick Club » parut et « … en moins de six mois à partir de cette époque, tout le monde de la lecture en parlait ; les noms de Winkle, Wardle, Weller, Snodgrass, Dodson et Fogg étaient devenus familiers dans nos bouches comme des mots familiers. Les « chintz Pickwick » figuraient dans les vitrines des drapiers en lin et les « velours côtelés Weller » dans les publicités des fabricants de culottes ; On pouvait voir des « taxis Boz » sillonner les rues, et le portrait de l'auteur de Pelham et Crichton était gratté ou collé pour faire place à celui du nouveau favori populaire dans les omnibus.

Il était tout à fait naturel qu'un ouvrage ainsi lancé, dont l'auteur était pressé d'obtenir des copies pour chaque partie, soit dépourvu de toute forme ou intrigue définie. Dickens écrit dans la préface de l'édition originale :

« La publication du livre en numéros mensuels, ne contenant que trente-deux pages chacun, en faisait un objet d'une importance capitale qui, tandis que les différents incidents étaient liés entre eux par une chaîne d'intérêt suffisamment forte pour empêcher qu'ils paraissent sans lien ou impossibles, la conception générale doit être si simple qu'elle ne puisse subir aucun préjudice de cette forme de publication détachée et décousue, s'étendant sur au moins vingt mois. En bref, il était nécessaire — ou cela semblait être le cas à l'auteur — que chaque numéro soit, dans une certaine mesure, complet en lui-même, et cependant que l'ensemble des vingt numéros, une fois rassemblés, forme un tout assez harmonieux, chacun menant à à l'autre par un déroulement d'aventure doux et non anormal.

« Il est évident que dans un ouvrage publié en vue de telles considérations, on ne peut raisonnablement s'attendre à aucune intrigue savamment entrelacée ou ingénieusement compliquée. L'auteur se permet d'exprimer l'espoir d'avoir surmonté avec succès les difficultés de son entreprise. Et si l'on objecte aux Pickwick Papers qu'ils ne sont qu'une simple série d'aventures dans lesquelles les scènes changent constamment et où les personnages vont et viennent comme les hommes et les femmes que nous rencontrons dans le monde réel, il ne peut que se contenter de avec la réflexion qu'ils prétendent n'être rien d'autre, et que la même objection a été faite aux œuvres de certains des plus grands romanciers de langue anglaise.

Les éditeurs du présent volume ont estimé que la manière même dont « Pickwick » a été publié pour la première fois justifie la réimpression séparée des chapitres qui traitent des festivités de Noël à la ferme du Manoir. En outre, le sentiment de Noël contenu dans ces chapitres suscite un intérêt particulier, car il marque la première expression formelle de ce sentiment de Noël auquel Dickens a ensuite consacré une série considérable d'ouvrages délicieux.

Il est tout à fait naturel que Pickwick soit le personnage qui inspire à Dickens ces pensées chaleureuses et sincères à une époque où notre enthousiasme est toujours plus perceptible. La citation d'une préface préparée pour une édition de ses écrits, désignée dans la dédicace à John Forster comme la meilleure édition de ses œuvres, nous permettra de nous rendre compte de l'importance de Pickwick en tant que tel véhicule. Dickens dit :

« On a observé de M. Pickwick qu'il y a un changement marqué dans son caractère à mesure que ces pages avancent, et qu'il devient plus bon et plus sensé. Je ne pense pas que ce changement semblera forcé ou contre nature à mes lecteurs, s'ils réfléchissent que dans la vie réelle, les particularités et les bizarreries d'un homme qui a quelque chose de fantaisiste en lui nous impressionnent généralement en premier, et que ce n'est que lorsque nous sommes meilleurs. En le connaissant, nous commençons généralement à regarder au-delà de ces traits superficiels et à connaître la meilleure partie de lui.

Ainsi, ici, à Manor Farm, nous nous retrouvons à participer à ces sports sains et à ces intérêts humains qui rendent ces chapitres de Noël si contagieux. «Aussi vifs que des abeilles, sinon aussi légers que des fées, les quatre

Pickwickiens se sont rassemblés le matin du 22 décembre.» Qui peut résister à un tel enthousiasme et ne pas ressentir le sens de ces lignes.

« Et nombreux sont les cœurs auxquels Noël apporte une brève saison de bonheur et de plaisir. Combien de familles dont les membres ont été dispersés et dispersés au loin dans les luttes incessantes de la vie sont alors réunies et se retrouvent dans cet état heureux de camaraderie et de bonne volonté mutuelle, qui est une source d'échanges si purs et si purs. plaisir et si incompatible avec les soucis et les peines du monde, que la croyance religieuse des nations les plus civilisées et les traditions grossières des sauvages les plus rudes le comptent parmi les premières joies d'une condition d'existence future prévue pour les bienheureux et heureux. ! Combien de vieux souvenirs et combien de sympathies endormies le temps de Noël réveille-t-il !

« Nous écrivons ces mots maintenant, à plusieurs kilomètres de l'endroit où, année après année, nous nous sommes réunis ce jour-là, un cercle joyeux et joyeux. Beaucoup de cœurs qui palpitaient alors si gaiement ont cessé de battre ; beaucoup de regards qui brillaient alors avec tant d'éclat ont cessé de briller ; les mains que nous avons serrées ont vieilli ; les yeux que nous cherchions ont caché leur éclat dans la tombe ; et pourtant la vieille maison, la chambre, les voix joyeuses et les visages souriants, les plaisanteries, les rires, les circonstances les plus infimes et les plus insignifiantes liées à ces heureuses rencontres, se pressent dans notre esprit à chaque récurrence de la saison, comme si la dernière assemblée ça l'était hier! Joyeux, joyeux Noël, qui peut nous ramener aux illusions de nos jours d'enfant ; qui peut rappeler au vieillard les plaisirs de sa jeunesse ; et transporter le marin et le voyageur, à des milliers de kilomètres de là, vers sa propre maison tranquille au coin du feu.

Rien d'étonnant à ce que l'idée de présenter Pickwick de manière picturale plaise à Robert Seymour et inspire cette célèbre planche « Pickwick s'adressant au Club » ! C'est un portrait heureux qui a fixé pour toujours l'image indélébile de son sujet dans l'esprit du monde.

En matière d'embellissement pictural, les écrits de Dickens ont toujours occupé une position unique. Dickens lui-même préférait que ses œuvres apparaissent sans images, mais la demande formulée par son public fit appel aux crayons les plus talentueux, de George Cruikshank à Frederick Barnard. Ainsi, outre les planches des éditions originales, nous disposons d'innombrables gravures pour les éditions ultérieures et pour des formes spéciales de reproduction.

Forster, le biographe de Dickens, nous informe que rarement, voire jamais, le romancier n'attendait que des déceptions en ce qui concerne les illustrations ; un fait facilement déterminé en retraçant l'insatisfaction qu'il manifestait à travers ses relations intimes et amicales avec les interprètes picturaux de son texte.

Les artistes du début du XIXe siècle avaient rarement recours au modèle vivant pour préparer leurs tableaux, ce qui explique en grande partie l'apparence de marionnette de nombre de leurs personnages. Le seul guide était les descriptions vivantes de l'auteur, un artiste qui puisait toute son inspiration dans la vie.

Cependant, au début des années soixante, naquit une nouvelle école d'illustrateurs qui apportèrent le même soin à la préparation d'une illustration qu'un peintre à ses toiles. Le résultat fut une série d'images remplies d'intérêt humain, des images ne s'appuyant pas sur l'exagération des détails et des expressions faciales pour transmettre leur signification. La seule affirmation que l'on puisse faire des premières planches par rapport aux dernières est leur charme d'association. Le travail d'hommes tels que Frederick Barnard et Charles Green dépasse de loin techniquement ces productions antérieures et nous en donne une interprétation plus humaine et plus vivante.

Dans l'illustration de l'édition originale de « Pickwick », nous nous occupons de trois artistes, Robert Seymour, Robert Buss et Hablôt K. Browne, mieux connu sous le nom de « Phiz ».

Les services de Seymour ont pris fin prématurément à cause de son suicide. Son successeur, Buss, fut également de courte durée et ne satisfit évidemment pas l'auteur ou l'éditeur, car il s'ensuit une longue liste de candidats désireux de pourvoir le poste vacant, parmi lesquels Wm. M. Thackeray. En répondant à un toast à la « Littérature » lors du banquet de la Royal Academy des années plus tard, ce dernier a déclaré : « Je me souviens de l'époque où M. Dickens était un très jeune homme et avait commencé à ravir le monde avec de charmantes œuvres humoristiques, dont je Je ne peux pas citer le nom mais qui étaient de couleur vert clair et paraissaient une fois par mois, que ce jeune homme voulait un artiste pour illustrer ses écrits, et je me souviens d'être arrivé dans ses appartements avec deux ou trois dessins à la main, ce qui, étrangement, disons, il n'a pas trouvé approprié. Sans ce malheureux fléau qui a frappé mon existence artistique, j'aurais été ma fierté et mon plaisir de tenter un jour de trouver une place sur ces murs pour une de mes représentations. Plus tard, il a fait allusion au rejet de ses services en le qualifiant de « M. L'évasion chanceuse de Pickwick.

Finalement, Browne fut accepté et de tous les illustrateurs de ces premières éditions, il est celui par excellence, à l'exception de Luke Fildes RA, l'illustrateur de la première édition d'« Edwin Drood ».

Lorsque Fildes a interviewé Dickens en préparation pour accepter cette commande, il a informé l'auteur que bien qu'il appréciait l'honneur d'avoir été sélectionné pour illustrer « Edwin Drood », il se sentait obligé d'y renoncer à contrecœur si les dessins devaient être d'une qualité. nature comique et entièrement humoristique à la manière de Phiz et de ses prédécesseurs. Il rappela à Dickens que ses écrits possédaient un côté à la fois extrêmement sérieux et plaisant et se prêtaient admirablement à un style de traitement plus grave. Dickens répond qu'il en a assez que ses illustrateurs le considèrent uniquement comme un humoriste et un caricaturiste. Bien qu'il y ait une grande différence entre « Pickwick » et « Edwin Drood », les diverses escapades du club contiennent pourtant une grande partie de la vie sérieuse, et c'est l'appréciation aiguë de cette qualité qui semble avoir entièrement échappé aux artistes précédents. .

Nous nous tournons vers Charles Green et trouvons dans sa série de grandes aquarelles une intitulée « The Pickwick Club », et notre ami intime vêtu, non de caricature, mais de toute l'atmosphère de la réalité, ne perdant pour autant rien de son côté jovial et comique. caractéristiques. Le vrai Winkle, le vrai Snodgrass, le vrai Tupman écoutent son discours, et les éléments contre nature des premières planches ont cédé la place à une forme d'expression plus adaptée tout en conservant l'humour suranné du texte.

Qui ne trouve pas ici le Pickwick que nous avons toujours recherché, le Pickwick créé par Dickens ?

L'écrivain s'est efforcé de rendre dans cette série de tableaux l'atmosphère véritable, humaine dans le mélange du sérieux et du comique, et de leur donner l'apparence de réalité produite dans nos esprits par le texte.

GEORGE ALFRED WILLIAMS.

Chatham, New Jersey

CHAPITRE I

UN CHAPITRE DE NOËL DE BONNE HUMOURE, CONTENANT LE RÉCIT D'UN MARIAGE ET DE QUELQUES AUTRES SPORTS À PROXIMITÉ, QUI, BIEN QUE À LEUR MANIÈRE, MÊME D'Aussi BONNES COUTUMES QUE LE MARIAGE MOI-MÊME, NE SONT PAS AUSSI RELIGIEUSEMENT ENTRETENUS, EN CES TEMPS DÉGÉNÉRÉS.

Aussi vifs que des abeilles, sinon aussi légers que des fées, les quatre Pickwickiens se rassemblèrent le matin du vingt-deuxième jour de décembre, l'année de grâce au cours de laquelle leurs aventures fidèlement enregistrées furent entreprises et accomplies. Noël était proche, dans toute sa honnêteté et son bluff ; c'était la saison de l'hospitalité, de la gaieté et de la franchise ; la vieille année se préparait, comme un philosophe antique, à appeler ses amis autour de lui et, au milieu du bruit des festins et des réjouissances, à s'écouler doucement et calmement. Le temps était gai et joyeux ; et très gais et joyeux étaient au moins quatre des nombreux cœurs qui étaient réjouis par sa venue.

Et nombreux sont les cœurs auxquels Noël apporte une brève période de bonheur et de plaisir. Combien de familles dont les membres ont été dispersés et dispersés au loin, dans les luttes incessantes de la vie, sont alors réunies et se retrouvent dans cet état heureux de camaraderie et de bonne volonté mutuelle, qui est une source d'échanges si purs et si purs. plaisir, et si incompatible avec les soucis et les chagrins du monde, que la croyance religieuse des nations les plus civilisées et les traditions grossières des sauvages les plus rudes la comptent parmi les premières joies d'un état d'existence futur, prévu pour le bienheureux et le heureux ! Combien de vieux souvenirs et combien de sympathies endormies le temps de Noël réveille-t-il !

Nous écrivons ces mots maintenant, à plusieurs kilomètres de l'endroit où, année après année, nous nous sommes réunis ce jour-là, un cercle joyeux et joyeux. Beaucoup de cœurs qui palpitaient alors si gaiement ont cessé de battre ; beaucoup de regards qui brillaient alors avec tant d'éclat ont cessé de briller ; les mains que nous avons serrées sont devenues froides ; les yeux que nous cherchions ont caché leur éclat dans la tombe ; et pourtant la vieille maison, la chambre, les voix joyeuses et les visages souriants, les plaisanteries, les rires, les circonstances les plus infimes et les plus insignifiantes liées à ces heureuses réunions, se pressent dans notre esprit à chaque récurrence de la saison, comme si la dernière assemblée cela ne l'était qu'hier. Joyeux, joyeux Noël, qui puisse nous ramener aux illusions de nos jours d'enfance, qui puisse rappeler au vieil homme les plaisirs de sa jeunesse, et transporter le marin et le voyageur, à des milliers de kilomètres de là, au coin de son feu et sa maison tranquille !

Mais nous sommes tellement absorbés et occupés par les bonnes qualités de Noël, qui, soit dit en passant, est tout à fait un gentleman campagnard de la vieille école, que nous faisons attendre M. Pickwick et ses amis dans le froid, sur le à l'extérieur du carrosse de Muggleton, qu'ils viennent d'atteindre, bien enveloppés de capotes, de châles et de couettes. Les valises et les sacs à tapis ont été rangés, et M. Weller et le garde s'efforcent d'insinuer dans l'avant-botte une énorme morue de plusieurs tailles trop grosse pour elle, qui est bien emballée dans un long panier brun. , avec une couche de paille sur le dessus, et qui a été laissée au dernier, afin qu'il puisse reposer en sécurité sur la demi-douzaine de barils de véritables huîtres indigènes, toute la propriété de M. Pickwick, qui ont été arrangées en ordre régulier, au fond du récipient. L'intérêt affiché sur le visage de M. Pickwick est des plus intenses, alors que M. Weller et le garde tentent de serrer la morue dans la botte, d'abord la tête en premier, puis la queue en premier, puis de haut en haut, puis de bas en haut, et puis latéralement, puis longitudinalement, à tous ces artifices l'implacable morue résiste vigoureusement, jusqu'à ce que le gardien le frappe accidentellement au milieu même du panier, après quoi il disparaît brusquement dans la botte, et avec lui, la tête et les épaules de le garde lui-même, qui, ne comptant pas sur un arrêt si soudain de la résistance passive de la morue, éprouve un choc très inattendu, pour le plus grand plaisir de tous les porteurs et des passants. Là-dessus, M. Pickwick sourit avec une grande bonne humeur et, tirant un shilling de la poche de son gilet, supplie le garde, tandis qu'il se retire de la botte, de boire à sa santé un verre d'eau-de-vie chaude et d'eau. le garde sourit aussi, et MM. Snodgrass, Winkle et Tupman sourient tous en compagnie. Le garde et M. Weller disparaissent pendant cinq minutes, très probablement pour prendre de l'eau-de-vie chaude et de l'eau, car ils en sentent très fort, à leur retour, le cocher monte vers la loge, M. Weller saute derrière, les Pickwickiens tirent. leurs manteaux autour des jambes et leurs châles sur le nez ; les aides enlèvent les toiles du cheval, le cocher crie un joyeux « Très bien », et c'est parti.

Ils ont parcouru les rues en grondant, secoués sur les pierres, et ont enfin atteint la campagne vaste et dégagée. Les roues effleurent le sol dur et gelé ; et les chevaux, se mettant au galop à un coup de fouet, avancent sur la route comme si le chargement derrière eux, le carrosse, les passagers, la morue, les barriques d'huîtres, et tout, n'était qu'une plume à leurs talons. Ils ont descendu une pente douce et arrivent sur un terrain aussi compact et sec qu'un bloc de marbre solide, long de deux milles. Un autre coup de fouet, et ils s'élancent, au grand galop, les chevaux hochant la tête et faisant trembler le harnais comme s'ils étaient exaltés par la rapidité du mouvement, tandis que le cocher, tenant le fouet et les rênes dans une main, s'en va. son chapeau avec l'autre, et le posant sur ses genoux, il sort son mouchoir et s'essuie le front, en partie parce qu'il a l'habitude de le faire, et en partie parce qu'il vaut mieux montrer aux passagers combien il est cool et ce qu'il fait. c'est une chose facile de conduire à quatre, quand on a autant d'entraînement que lui. Après avoir fait cela très tranquillement (sinon l'effet serait sensiblement altéré), il replace son mouchoir, enfile son chapeau, ajuste ses gants, redresse ses coudes, fait claquer de nouveau son fouet, et ils s'en vont, plus gaiement qu'auparavant.

Quelques petites maisons, disséminées de part et d'autre de la route, annonçaient l'entrée d'une ville ou d'un village. Les notes vives du clairon du garde vibrent dans l'air clair et froid et réveillent le vieux monsieur à l'intérieur, qui, abaissant soigneusement le châssis de la fenêtre à mi-chemin, et se tenant en sentinelle dans les airs, jette un bref coup d'œil dehors, puis en le remontant soigneusement, informe l'autre intérieur qu'il va se changer directement ; sur lequel l'autre à l'intérieur se réveille et décide de reporter sa prochaine sieste après l'arrêt. De nouveau, le clairon retentit vigoureusement et réveille la femme et les enfants du paysan, qui jettent un coup d'œil à la porte de la maison et surveillent la voiture jusqu'à ce qu'elle tourne au coin, puis ils s'accroupissent à nouveau autour du feu flamboyant et jettent une autre bûche de bois. bois contre père rentre à la maison, tandis que père lui-même, à un kilomètre et demi de là, vient d'échanger un signe de tête amical avec le cocher et de se retourner pour observer longuement le véhicule qui tourne au loin.

Et voici que le clairon joue un air vif tandis que le carrosse roule dans les rues mal pavées d'une ville de campagne ; et le cocher, défaisant la boucle qui maintient ses rubans ensemble, se prépare à les jeter dès qu'il s'arrêtera. M. Pickwick sort du col de son manteau et regarde autour de lui avec une grande curiosité ; S'en apercevant, le cocher informe M. Pickwick du nom de la ville et lui dit que c'était hier jour de marché, informations que M. Pickwick détaille à ses compagnons de voyage, sur quoi ils sortent également de leurs cols de manteau. et regarde-les aussi. M. Winkle, qui est assis à l'extrême bord, une jambe pendante en l'air, est presque précipité dans la rue, tandis que la voiture tourne au coin pointu de la boutique du fromager et se dirige vers la place du marché ; et avant que M. Snodgrass, qui est assis à côté de lui, ne se soit remis de son inquiétude, ils s'arrêtent dans la cour de l'auberge, où attendent déjà les chevaux frais, vêtus d'étoffes. Le cocher jette les rênes et descend lui-même, et les autres passagers extérieurs descendent aussi, sauf ceux qui n'ont pas grande confiance en leur capacité à se relever, et ils restent où ils sont et tapent du pied contre le cocher pour réchauffez-les; regardant avec des yeux impatients et un nez rouge le feu vif du bar de l'auberge et les brins de houx aux baies rouges qui ornent la fenêtre.

Mais le garde a livré chez le marchand de blé le paquet de papier brun qu'il a sorti de la petite pochette qui pend sur son épaule par une lanière de cuir, et a vu les chevaux soigneusement mis en selle, et a jeté sur le trottoir la selle. qui a été apporté de Londres sur le toit de la voiture, et qui a aidé à la conférence entre le cocher et le valet au sujet de la jument grise qui s'est blessée à la jambe avant mardi dernier, et lui et M. Weller sont tous juste derrière, et le cocher est bien devant, et le vieux monsieur à l'intérieur, qui a gardé la vitre baissée de deux pouces pendant tout ce temps, l'a remontée, et les draps sont enlevés, et ils sont tous prêts à partir, sauf le « deux gros messieurs, » que le cocher demande avec impatience. Sur ce, le cocher, et le garde, et Sam Weller, et M. Winkle, et M. Snodgrass, et tous les valets, et chacun des oisifs, qui sont plus nombreux que tous les autres réunis, crient pour appeler les disparus. gentleman aussi fort qu'ils peuvent brailler. Une réponse lointaine se fait entendre venant de la cour, et M. Pickwick et M. Tupman y arrivent en courant, tout à fait essoufflés, car ils ont bu un verre de bière chacun, et les doigts de M. Pickwick sont si froids qu'il a été rassasié cinq minutes avant de pouvoir trouver les six pence pour le payer. Le cocher crie un avertissement : « Maintenant, alors, messieurs », le garde le répète. Le vieux monsieur à l'intérieur pense que c'est une chose très extraordinaire que les gens *descendent* alors qu'ils savent qu'ils n'ont pas le temps pour cela. -M. Pickwick se relève d'un côté, M. Tupman de l'autre, M. Winkle crie « Très bien », et ils partent. Les châles sont remontés, les cols des manteaux sont rajustés, le trottoir cesse, les maisons disparaissent ; et ils se précipitent à nouveau sur la route ouverte, avec l'air frais et clair qui souffle sur leurs visages et qui réjouit leur cœur même.

Tels furent les progrès de M. Pickwick et de ses amis, rapportés par le Muggleton Telegraph, en route vers Dingley Dell ; et à trois heures de l'après-midi, ils se tenaient tous hauts et secs, sains et saufs, sains et saufs, sur les marches du Lion Bleu, ayant pris en route assez de bière et de cognac pour pouvoir enchérir. défi au gel qui liait la terre dans ses chaînes de fer et tissait son beau réseau sur les arbres et les haies. M. Pickwick était occupé à compter les barils d'huîtres et à surveiller l'exhumation de la morue, lorsqu'il se sentit doucement tiré par les pans de son habit ; et en regardant autour de lui, il découvrit que l'individu qui recourait à ce moyen d'attirer son attention n'était autre que la page préférée de M. Wardle, mieux connue des lecteurs de cette histoire sans fard sous le nom distinctif de gros garçon.

« Aha ! » dit M. Pickwick.

« Aha ! » dit le gros garçon.

Et tout en disant cela, il regardait tour à tour la morue et les barriques d'huîtres, et il riait joyeusement. Il était plus gros que jamais.

«Eh bien, vous avez l'air assez rose, mon jeune ami», dit M. Pickwick.

— J'ai dormi devant le feu de la brasserie, répondit le gros garçon, qui s'était chauffé à la couleur d'un pot de cheminée neuf, au cours d'une heure de sieste. « Le Maître m'a envoyé avec la charrette pour porter vos bagages jusqu'à la maison. Il aurait envoyé des chevaux de selle, mais il pensait que tu préférerais marcher, étant donné le froid.

«Oui, oui», dit précipitamment M. Pickwick, car il se rappelait comment ils avaient parcouru à peu près le même terrain une fois précédente. « Oui, nous préférons marcher. Tiens, Sam. »

«Monsieur», dit M. Weller.

« Aidez le domestique de M. Wardle à mettre les paquets dans le chariot, puis continuez avec lui. Nous avancerons immédiatement.

Après avoir donné cette direction et s'être installés avec le cocher, M. Pickwick et ses trois amis s'engageèrent dans le sentier à travers les champs et s'éloignèrent d'un pas vif, laissant M. Weller et le gros garçon confrontés ensemble pour la première fois. Sam regarda le gros garçon avec un grand étonnement, mais sans dire un mot ; et commença à ranger rapidement les affaires dans le chariot, tandis que le gros garçon restait tranquillement à côté et semblait trouver une chose très intéressante de voir M. Weller travailler seul.

"Voilà", dit Sam en jetant le dernier sac de tapis. "Ils sont là."

"Oui", dit le gros garçon d'un ton très satisfait, "les voilà."

"Vell, jeune de vingt ans," dit Sam, "tu es un joli spécimen de garçon de prix, tu l'es."

"Merci", dit le gros garçon.

"Tu n'as rien en tête qui puisse t'inquiéter, n'est-ce pas ?" » demanda Sam.

"Pas à ma connaissance", répondit le garçon.

« J'aurais plutôt dû penser, à te regarder, que tu travaillais sous l'effet d'un attachement non partagé à un jeune homme », dit Sam.

Le gros garçon secoua la tête.

« Vell, » dit Sam, « je suis content de l'entendre. Est-ce qu'il t'arrive de boire quelque chose ?

"J'aime manger, mieux", répondit le garçon.

« Ah, » dit Sam, « j'aurais dû poser cette question ; mais ce que je veux dire, c'est si tu aimerais une goutte de quelque chose qui te réchaufferait ? mais je suppose que tu n'as jamais eu froid, avec tous ces élastiques, n'est-ce pas ?

«Parfois», répondit le garçon; "et j'aime bien une goutte de quelque chose, quand c'est bon."

"Oh, c'est vrai, n'est-ce pas ?" dit Sam, "viens par ici, alors."

Le robinet du Lion Bleu fut bientôt gagné, et le gros garçon avala un verre d'alcool sans même cligner des yeux, exploit qui le fit considérablement progresser dans la bonne opinion de M. Weller. M. Weller ayant traité une affaire semblable pour son propre compte, ils montèrent dans la charrette.

"Peux tu conduire?" dit le gros garçon.

"Je devrais plutôt le penser", répondit Sam.

« Voilà donc, dit le gros garçon en mettant les rênes à la main et en lui montrant une ruelle, c'est aussi droit que possible ; vous ne pouvez pas le manquer.

A ces mots, le gros garçon se coucha affectueusement à côté de la morue, et, plaçant un tonneau d'huîtres sous sa tête comme oreiller, s'endormit instantanément.

"Vell," dit Sam, "de tous les garçons cool que j'ai jamais vus, ce jeune homme est à peu près le plus cool. Viens, réveille-toi, jeune hydropique.

Mais comme la jeune hydropisie ne manifestait aucun symptôme de retour à la vie, Sam Weller s'assit devant la charrette et, faisant démarrer le vieux cheval d'un coup de rêne, il courut d'un pas régulier vers Manor Farm.

Pendant ce temps, M. Pickwick et ses amis, ayant mis leur sang en circulation active, continuaient joyeusement leur route ; les sentiers étaient durs, l'herbe était croustillante et glaciale, l'air avait une froideur fine, sèche et vivifiante, et l'approche rapide du crépuscule gris (couleur ardoise est un meilleur terme par temps glacial) les faisait regarder vers l'avant avec une agréable anticipation. au confort qui les attendait chez leur hospitalier artiste. C'était le genre d'après-midi qui pouvait inciter quelques messieurs âgés, dans un champ solitaire, à ôter leurs grands manteaux et à jouer à saute-mouton dans une pure légèreté de cœur et de gaieté ; et nous croyons fermement que si M. Tupman avait offert à ce moment-là « un retour », M. Pickwick aurait accepté son offre avec la plus grande avidité.

Cependant, M. Tupman n'a pas proposé de tels accommodements personnels et les amis ont continué leur route en conversant joyeusement. Comme ils s'engageaient dans une ruelle qu'ils devaient traverser, le bruit de nombreuses voix éclata à leurs oreilles ; et avant même d'avoir eu le temps de deviner à qui ils appartenaient, ils se dirigèrent vers le centre même du groupe qui attendait leur arrivée – un fait qui fut d'abord notifié aux

Pickwickiens par le grand « Hourra » qui retentit. » jaillirent des lèvres du vieux Wardle lorsqu'ils apparurent en vue.

D'abord, il y avait Wardle lui-même, semblant, si cela était possible, plus joyeux que jamais ; puis il y avait Bella et son fidèle Trundle ; et, enfin, il y avait Emily et environ huit ou dix jeunes dames, qui étaient toutes venues au mariage qui devait avoir lieu le lendemain, et étaient dans un état aussi heureux et important que le sont habituellement les jeunes dames, dans des occasions aussi importantes. ; et ils étaient tous, tous, en train de surprendre les champs et les ruelles au loin avec leurs ébats et leurs rires.

Emily Wardle.

La cérémonie d'introduction, dans de telles circonstances, fut très vite accomplie, ou plutôt nous devrions dire que l'introduction fut bientôt terminée, sans aucune cérémonie du tout ; et deux minutes plus tard, M. Pickwick plaisantait avec les jeunes dames qui ne voulaient pas franchir le montant pendant qu'il regardait, ou qui, ayant de jolis pieds et des chevilles irréprochables, préféraient rester debout sur la traverse supérieure pendant environ cinq minutes. et déclarant qu'ils avaient trop peur pour bouger, avec autant d'aisance et d'absence de réserve ou de contrainte, que s'il les avait connus depuis toujours. Il convient également de remarquer que M. Snodgrass offrit à Emily bien plus d'aide que les terreurs absolues du montant (bien qu'il mesurait un mètre de haut et n'eût que quelques tremplins) ne semblaient en exiger ; tandis qu'une jeune femme aux yeux noirs, portant une très jolie petite paire de bottes avec de la fourrure sur le dessus, a été observée en train de crier très fort lorsque M. Winkle a proposé de l'aider.

Tout cela était très confortable et agréable : et lorsque les difficultés du bâtiment furent enfin surmontées et qu'ils entrèrent de nouveau en plein champ, le vieux Wardle informa M. Pickwick qu'ils étaient tous descendus en groupe pour inspecter les meubles et aménagement de la maison que le jeune couple devait louer après les vacances de Noël ; à cette communication, Bella et Trundle devinrent tous les deux rouges, aussi rouges que le gros garçon après l'incendie de la salle des fêtes ; et la jeune dame aux yeux noirs et à la fourrure autour des bottes, murmura quelque chose à l'oreille d'Emily, puis jeta un regard méchant à M. Snodgrass, ce à quoi Emily répondit qu'elle était une fille stupide, mais qu'elle devenait néanmoins très rouge ; et M. Snodgrass, qui était aussi modeste que le sont habituellement tous les grands génies, sentit le cramoisi monter jusqu'au sommet de sa tête, et souhaita dévotement, du plus profond de son cœur, que la jeune dame susmentionnée, avec ses yeux noirs, , et son archness, et ses bottes avec la fourrure autour du dessus, étaient toutes confortablement déposées dans le comté adjacent.

Mais s'ils étaient sociables et heureux, à l'extérieur de la maison, quelle était la chaleur et la cordialité de leur accueil lorsqu'ils arrivèrent à la ferme ! Les domestiques eux-mêmes souriaient de plaisir à la vue de M. Pickwick : et Emma lançait à M. Tupman un regard de reconnaissance mi-sage, mi-impudent et tout joli, qui suffisait à faire déployer la statue de Bonaparte dans le couloir. ses bras et la serre dedans.

La vieille dame était assise comme d'habitude dans le salon de devant, mais elle était plutôt en colère et, par conséquent, particulièrement sourde. Elle ne sortait jamais elle-même, et comme beaucoup d'autres vieilles dames du même genre, elle avait tendance à considérer comme un acte de trahison domestique, si quelqu'un d'autre prenait la liberté de faire ce qu'elle ne pouvait pas faire. Ainsi, bénisse sa vieille âme, elle était assise aussi droite qu'elle le pouvait, dans son grand fauteuil, et avait l'air aussi féroce qu'elle pouvait l'être – et c'était bienveillant après tout.

« Mère, » dit Wardle, « M. Pickwick. Vous vous souvenez de lui.

"C'est pas grave", répondit la vieille dame avec beaucoup de dignité. « Ne dérangez pas M. Pickwick à propos d'une vieille créature comme moi. Personne ne se soucie de moi maintenant, et c'est tout à fait naturel qu'ils ne devraient pas le faire. Ici, la vieille dame secoua la tête et lissa sa robe de soie couleur lavande, les mains tremblantes.

« Allez, venez, Madame », dit M. Pickwick, « je ne peux pas vous laisser couper un vieil ami de cette façon. Je suis descendu exprès pour avoir une longue causerie et une autre discussion avec vous ; et nous montrerons à ces garçons et à ces filles comment danser un menuet avant qu'ils n'aient quarante-huit heures de plus.

La vieille dame cédait rapidement, mais elle n'aimait pas tout faire d'un coup ; alors elle a seulement dit : « Ah ! Je ne peux pas l'entendre.

"C'est absurde, mère", dit Wardle. « Viens, viens, ne sois pas fâché, il y a une bonne âme. Rappelez-vous Bella; viens, il faut lui garder le moral, la pauvre fille.

La bonne vieille dame entendit cela, car ses lèvres frémissaient lorsque son fils le disait. Mais l'âge a ses petites infirmités de caractère, et elle n'était pas encore tout à fait rétablie. Alors, elle lissa à nouveau la robe couleur lavande et, se tournant vers M. Pickwick, elle dit : « Ah, M. Pickwick, les jeunes étaient très différents quand j'étais une fille.

"Cela ne fait aucun doute, madame", a déclaré M. Pickwick, "et c'est la raison pour laquelle je ferais une grande attention aux rares qui portent des traces de l'ancien stock", - et en disant cela, M. Pickwick a doucement tiré Bella. vers lui, et lui déposant un baiser sur le front, elle lui fit asseoir sur le petit tabouret aux pieds de sa grand-mère. Que l'expression de son visage, lorsqu'elle se tournait vers le visage de la vieille dame, lui rappelât le passé, ou que la vieille dame fût touchée par la bonté affectueuse de M. Pickwick, ou quelle qu'en soit la cause, elle était assez émue. ; alors, elle se jeta au cou de sa petite-fille, et toute la petite mauvaise humeur s'évapora dans un flot de larmes silencieuses.

C'était une joyeuse fête ce soir-là. Calme et solennelle était la partition de caoutchoucs dans laquelle M. Pickwick et la vieille dame jouaient ensemble ; et la gaieté de la table ronde était bruyante. Longtemps après que les dames se furent retirées, le vin de sureau chaud, bien agrémenté d'eau-de-vie et d'épices, tourna, tourna et tourna encore ; et le sommeil était sonore, et les rêves qui suivirent étaient agréables. C'est un fait remarquable que ceux de M. Snodgrass faisaient constamment référence à Emily Wardle ; et que le personnage principal des visions de M. Winkle était une jeune femme aux yeux noirs, avec un sourire maussade et une paire de bottes remarquablement jolies, avec de la fourrure sur le dessus.

M. Pickwick fut réveillé de bon matin par un bourdonnement de voix et un bruit de pas suffisant pour tirer même le gros garçon de son lourd sommeil. Il s'assit sur son lit et écouta. Les servantes et les visiteuses couraient constamment de long en large ; et il y avait de telles demandes innombrables d'eau chaude, de telles cris répétés pour obtenir des aiguilles et du fil, et tant de supplications à moitié réprimées du type « Oh, viens m'attacher, il y a une chérie », que M. Pickwick, dans son innocence, commença à imaginer que quelque chose de terrible a dû se produire lorsqu'il s'est réveillé et s'est souvenu du mariage. L'occasion étant importante, il s'habilla avec un soin particulier et descendit dans la salle du petit déjeuner.

Il y avait toutes les servantes dans un uniforme flambant neuf de robes de mousseline rose avec des nœuds blancs sur leurs casquettes, courant dans la maison dans un état d'excitation et d'agitation qu'il serait impossible de décrire. La vieille dame était vêtue d'une robe de brocart qui n'avait pas vu le jour depuis vingt ans, sauf les rayons de l'école buissonnière qui s'étaient glissés à travers les fentes de la boîte dans laquelle elle avait été déposée pendant tout ce temps. M. Trundle était de bonne humeur et de bonne humeur, mais un peu nerveux en même temps. Le vieux propriétaire chaleureux essayait de paraître très joyeux et indifférent, mais échouait clairement dans sa tentative. Toutes les filles étaient en larmes et en mousseline blanche, à l'exception de deux ou trois sélectionnées, qui étaient honorées d'une vue privée de la mariée et des demoiselles d'honneur, en haut des escaliers. Tous les Pickwickiens étaient dans la plus belle tenue ; et il y eut un rugissement terrible sur l'herbe devant la maison, provoqué par tous les hommes, garçons et enfants attachés à la ferme, dont chacun avait un nœud blanc à la boutonnière, et qui tous applaudissaient avec puissance. et principal : y être incité et stimulé par le précepte et l'exemple de M. Samuel Weller, qui avait déjà réussi à devenir très populaire et était aussi chez lui que s'il était né sur la terre.

Un mariage est un sujet de plaisanterie autorisé, mais il n'y a vraiment pas de grande plaisanterie en la matière après tout ; nous parlons simplement de la cérémonie et demandons qu'il soit bien entendu que nous ne nous livrons à aucun sarcasme caché sur une vie conjugale. Au plaisir et à la joie de l'occasion se mêlent les nombreux regrets de quitter la maison, les larmes de la séparation entre parent et enfant, la conscience de quitter les amis les plus chers et les plus gentils de la partie la plus heureuse de la vie humaine, pour rencontrer ses soucis et des troubles avec d'autres encore inexpérimentés et peu connus - sentiments naturels que nous ne rendrions pas triste ce chapitre en les décrivant, et que nous ne serions pas encore plus disposés à ridiculiser.

Disons donc brièvement que la cérémonie a été célébrée par le vieux ecclésiastique, dans l'église paroissiale de Dingley Dell, et que le nom de M. Pickwick est attaché au registre, encore conservé dans la sacristie de celui-ci ; que la jeune dame aux yeux noirs signait son nom d'une manière très chancelante et tremblante ; et que la signature d'Emily, comme celle de l'autre demoiselle d'honneur, est presque illisible ; que tout s'est passé dans un style très admirable ; que les jeunes dames en général trouvaient cela beaucoup moins choquant qu'elles ne s'y attendaient ; et que bien que la propriétaire des yeux noirs et du sourire narquois ait informé M. Winkle qu'elle était sûre de ne jamais pouvoir se soumettre à quelque chose d'aussi terrible, nous avons les meilleures raisons de penser qu'elle se trompait. A tout cela, nous pouvons ajouter que M. Pickwick fut le premier à saluer la mariée : et qu'en faisant cela, il lui jeta autour du cou une riche montre et une chaîne en or, qu'aucun œil mortel autre que celui du bijoutier n'avait jamais vu auparavant. . Puis la vieille cloche de l'église sonna aussi gaiement qu'elle le pouvait, et ils retournèrent tous déjeuner.

« Où vont les petits pâtés, jeune mangeur d'opium ? dit M. Weller au gros garçon, tandis qu'il aidait à préparer les articles de consommation qui n'avaient pas été dûment arrangés la nuit précédente.

Le gros garçon montra la destination des tartes.

« Très bien, dit Sam, mets-y un peu de Noël. L'autre plat en face. Là; maintenant, j'ai l'air compact et confortable, comme disait le père même en coupant la tête de son petit garçon, pour l'empêcher de loucher.

Tandis que M. Weller faisait la comparaison, il recula d'un pas ou deux pour en tirer pleinement parti, et examina les préparatifs avec la plus grande satisfaction.

« Wardle, » dit M. Pickwick presque aussitôt qu'ils furent tous assis, « un verre de vin, en l'honneur de cette heureuse occasion ! »

«Je serai ravi, mon garçon», dit Wardle. "Joe, bon sang, ce garçon, il s'est endormi."

"Non, monsieur," répondit le gros garçon, en sortant d'un coin reculé, où, comme le saint patron des gros garçons, l'immortel Horner, il avait dévoré une tarte de Noël, mais pas avec le sang-froid. et la délibération qui a caractérisé les démarches de ce jeune gentleman.

"Remplissez le verre de M. Pickwick."

"Oui Monsieur."

Le gros garçon remplit le verre de M. Pickwick, puis se retira derrière la chaise de son maître, d'où il observait le jeu des couteaux et des fourchettes, et la progression des morceaux choisis, depuis les plats jusqu'aux bouches de la compagnie, avec un une sorte de joie sombre et lugubre qui était des plus impressionnantes.

« Que Dieu vous bénisse, mon vieux », dit M. Pickwick.

« C'est pareil pour vous, mon garçon », répondit Wardle ; et ils se sont engagés de tout cœur.

"Mme. Wardle, dit M. Pickwick, nous, les vieux, devons prendre un verre de vin ensemble, en l'honneur de ce joyeux événement.

Puis la vieille cloche de l'église a sonné... et ils sont tous retournés prendre le petit-déjeuner.

La vieille dame était dans un état de grande grandeur à ce moment-là, car elle était assise au sommet de la table dans sa robe de brocart, avec sa petite-fille nouvellement mariée d'un côté et M. Pickwick de l'autre, pour faire la sculpture. M. Pickwick n'avait pas parlé d'un ton très fort, mais elle le comprit immédiatement et but un grand verre de vin à sa longue vie et à son bonheur ; après quoi la digne vieille âme se lança dans un récit minutieux et particulier de son propre mariage, avec une dissertation sur la mode de porter des chaussures à talons hauts, et quelques détails concernant la vie et les aventures de la belle Lady Tollimglower, décédée, du tout. ce dont la vieille dame elle-même riait de bon cœur, ainsi que les jeunes dames, car elles se demandaient entre elles de quoi diable grand-mère parlait. Quand ils riaient, la vieille dame riait dix fois plus de bon cœur : et disait qu'ils avaient toujours été considérés comme des histoires capitales, ce qui les faisait rire encore tous et mettait la vieille dame de la meilleure humeur. Ensuite, le gâteau était coupé et passé dans l'anneau ; et les demoiselles gardaient des pièces pour les mettre sous leurs oreillers et rêver à leur futur mari ; et beaucoup de rougissement et de gaieté en furent ainsi occasionnés.

"M. Miller, dit M. Pickwick à sa vieille connaissance, le gentleman à la tête dure, un verre de vin ?

« Avec une grande satisfaction, M. Pickwick », répondit solennellement le gentleman à la tête dure.

"Tu vas m'accueillir?" » dit le vieux pasteur bienveillant.

"Et moi", intervint sa femme.

« Et moi, et moi », disaient au bas de la table deux parents pauvres, qui avaient mangé et bu très copieusement et riaient de tout.

M. Pickwick exprima sa sincère joie à chaque suggestion supplémentaire ; et ses yeux brillaient d'hilarité et de gaieté.

« Mesdames et messieurs », dit M. Pickwick en se levant brusquement :

"Entendre entendre! Entendre entendre! Entendre entendre!" » dit M. Weller, dans l'excitation de ses sentiments.

« Appelez tous les domestiques », s'écria le vieux Wardle, s'interposant pour empêcher la réprimande publique que M. Weller aurait sans aucun doute reçu de son maître. "Donnez-leur chacun un verre de vin pour y boire le toast. Maintenant, Pickwick."

Au milieu du silence de la compagnie, des chuchotements des servantes et de l'embarras gênant des hommes, M. Pickwick poursuivit son chemin.

" Mesdames et messieurs, non, je ne dirai pas mesdames et messieurs, je vous appellerai mes amis, mes chers amis, si ces dames me permettent de prendre une si grande liberté. "...

Ici, M. Pickwick a été interrompu par d'immenses applaudissements de la part des dames, repris par les messieurs, au cours desquels la propriétaire des yeux a été distinctement entendue déclarer qu'elle pouvait embrasser ce cher M. Pickwick, sur quoi M. Winkle a galamment demandé si c'était possible. Cela ne devait pas être fait par député, ce à quoi la jeune femme aux yeux noirs répondit : « Va-t'en » – et accompagna la demande d'un regard qui disait aussi clairement qu'un regard pouvait le faire – « si vous le pouvez ».

« Mes chers amis, reprit M. Pickwick, je vais proposer la santé des mariés : que Dieu les bénisse (acclamations et larmes). Mon jeune ami Trundle, je crois qu'il est un homme très excellent et très viril ; et sa femme, je sais que c'est une fille très aimable et charmante, bien qualifiée pour transférer dans un autre domaine d'action le bonheur qu'elle diffuse depuis vingt ans autour d'elle, dans la maison de son père. (Ici, le gros garçon éclata en sanglots de stentor et fut conduit par le col de son manteau par M. Weller.) J'aimerais, ajouta M. Pickwick, j'aimerais être assez jeune pour être le mari de sa sœur. bravo), mais à défaut, je suis heureux d'être en âge d'être son père ; car ainsi, je ne serai soupçonné d'aucun dessein latent quand je dirai que je les admire, les estime et les aime tous deux (acclamations et sanglots). Le père de la mariée, notre bon ami là-bas, est une personne noble et je suis fier de le connaître (grand tumulte). C'est un homme bon, excellent, indépendant, généreux, hospitalier, libéral (cris enthousiastes des parents pauvres, à tous les adjectifs ; et surtout aux deux derniers). Pour que sa fille jouisse de tout le bonheur que lui-même peut désirer ; et qu'il puisse tirer de la contemplation de sa félicité toute la satisfaction du cœur et la tranquillité d'esprit qu'il mérite si bien, c'est, j'en suis persuadé, notre souhait commun. Alors buvons à leur santé et souhaitons-leur une vie prolongée et toutes les bénédictions.

M. Pickwick a conclu au milieu d'un tourbillon d'applaudissements ; et une fois de plus, les poumons des surnuméraires, sous le commandement de M. Weller, furent mis en fonctionnement actif et efficace. M. Wardle a proposé M. Pickwick ; et M. Pickwick proposa la vieille dame. M. Snodgrass a proposé M. Wardle, et M. Wardle a proposé M. Snodgrass. L'un des parents pauvres a proposé M. Tupman et l'autre parent pauvre a proposé M. Winkle ; et tout n'était que bonheur et fête, jusqu'à ce que la mystérieuse disparition des deux parents pauvres sous la table avertisse la fête qu'il était temps de s'ajourner.

Au dîner, ils se retrouvèrent après une marche de vingt-cinq milles, entreprise par les mâles sur la recommandation de Wardle, pour se débarrasser des effets du vin du petit déjeuner ; les parents pauvres étaient restés au lit toute la journée, en vue d'atteindre le même heureux aboutissement, mais, comme ils n'avaient pas réussi, ils s'y sont arrêtés. M. Weller maintenait les domestiques dans un état d'hilarité perpétuelle ; et le gros garçon partageait son temps en petites périodes alternées de repas et de sommeil.

Le dîner fut aussi copieux que le petit déjeuner, et tout aussi bruyant, sans les larmes. Puis vint le dessert et quelques toasts supplémentaires. Puis vint le thé et le café ; et puis, le ballon.

Une marche de cinq milles, entreprise par les mâles sur la recommandation de Wardle.

Le meilleur salon de Manor Farm était une bonne, longue et sombre pièce lambrissée, dotée d'une haute cheminée et d'une grande cheminée, dans laquelle on aurait pu faire monter l'une des nouvelles cabines brevetées, avec roues et tout. À l'extrémité supérieure de la pièce, assis dans un écrin ombragé de houx et de conifères, se trouvaient les deux meilleurs violonistes et la seule harpe de tout Muggleton. Dans toutes sortes de niches et sur toutes sortes de consoles, se trouvaient de vieux chandeliers massifs en argent, à quatre branches chacun. Le tapis était relevé, les bougies brillaient vivement, le feu flambait et crépitait dans l'âtre ; et des voix joyeuses et des rires légers résonnaient dans la pièce. Si l'un des vieux yeomen anglais s'était transformé en fées à sa mort, c'était justement l'endroit où ils se seraient réjouis.

Si quelque chose avait pu ajouter à l'intérêt de cette agréable scène, ce serait le fait remarquable de M. Pickwick apparaissant sans ses guêtres, pour la première fois dans la mémoire de ses plus anciens amis.

"Tu veux danser?" dit Wardle.

"Bien sûr que oui", répondit M. Pickwick, "Ne voyez-vous pas que je suis habillé à cet effet?" et M. Pickwick attira l'attention sur ses bas de soie mouchetés et ses escarpins élégamment noués.

« *Toi* en bas de soie ! » s'exclama M. Tupman, en plaisantant.

« Et pourquoi pas, monsieur… pourquoi pas ? » dit M. Pickwick en se tournant chaleureusement vers lui.

« Oh, bien sûr, il n'y a aucune raison pour que vous ne les portiez pas », a répondu M. Tupman.

«Je n'imagine pas, monsieur… je n'imagine pas», dit M. Pickwick d'un ton très péremptoire.

M. Tupman avait envisagé de rire, mais il trouvait que c'était une affaire sérieuse ; alors il eut l'air grave et dit que c'était un très joli motif.

«J'espère que oui», dit M. Pickwick en fixant ses yeux sur son ami. "Vous ne voyez rien d'extraordinaire dans ces bas, *comme* bas, j'ai confiance Monsieur ?"

"Certainement pas, oh certainement pas", a répondu M. Tupman. Il s'est éloigné; et la physionomie de M. Pickwick reprit son expression bienveillante habituelle.

« Nous sommes tous prêts, je crois, » dit M. Pickwick, qui était posté avec la vieille dame au début de la danse, et qui avait déjà fait quatre faux départs, dans son anxiété excessive de commencer.

"Alors commencez tout de suite", dit Wardle. "Maintenant."

Les deux violons et la harpe se levèrent, et M. Pickwick partit dans les mains, quand il y eut un battement général de mains et un cri de « Stop, stop ».

"Quel est le problème?" » dit M. Pickwick, qui n'a été ramené à lui que par l'abandon des violons et de la harpe, et qui n'aurait pu être arrêté par aucune autre puissance terrestre, si la maison avait été en feu.

"Où est Arabella Allen?" » dirent une douzaine de voix.

"Et Winkle!" a ajouté M. Tupman.

"Nous voilà!" s'écria ce monsieur en sortant du coin avec sa jolie compagne ; et, ce faisant, il eût été difficile de dire lequel avait le visage le plus rouge, lui ou la jeune dame aux yeux noirs.

"Quelle chose extraordinaire, Winkle," dit M. Pickwick d'un ton plutôt mesquin, "que vous n'ayez pas pu prendre votre place auparavant."

"Pas du tout extraordinaire", a déclaré M. Winkle.

"Eh bien," dit M. Pickwick avec un sourire très expressif, tandis que ses yeux se posaient sur Arabella, "eh bien, je ne sais pas non plus si c'était *extraordinaire* , après tout."

Cependant, nous n'avions pas le temps d'y réfléchir davantage, car les violons et la harpe commencèrent vraiment sérieusement. M. Pickwick s'en alla, les mains en travers, du milieu jusqu'au bout de la pièce, et à mi-hauteur de la cheminée, de nouveau jusqu'à la porte. Poussette partout. — toute la figure encore une fois — un autre timbre pour battre le temps — le couple suivant, et le suivant, et encore le suivant — jamais une telle chose n'a fonctionné ; et finalement, après qu'ils eurent atteint le bas de la danse, et quatorze couples au complet, après que la vieille dame se fut retirée dans un état d'épuisement et que la femme du pasteur eut été remplacée à sa place, ce monsieur, alors qu'il n'y avait aucune demande la moindre. sur ses efforts, continue de danser perpétuellement à sa place, pour garder le rythme de la musique, tout en souriant à son partenaire avec une fadeur d'attitude qui déroute toute description.

Bien avant que M. Pickwick ne se lasse de danser, le couple nouvellement marié s'était retiré de la scène. Il y eut néanmoins un somptueux souper en bas de l'escalier, suivi d'une longue séance qui suivit ; et lorsque M. Pickwick se réveilla tard le lendemain matin, il se souvenait confusément d'avoir, individuellement et confidentiellement, invité environ quarante-cinq personnes à dîner avec lui au George and Vulture, la toute première fois qu'ils venaient à Londres; ce que M. Pickwick considérait avec raison comme une indication assez certaine qu'il avait pris autre chose que de l'exercice la nuit précédente.

"Et donc votre famille a des jeux dans la cuisine ce soir, ma chère, n'est-ce pas ?" » demanda Sam à Emma.

"Oui, M. Weller", répondit Emma; « Nous le faisons toujours la veille de Noël. Le Maître ne négligerait sous aucun prétexte de le maintenir.

« Votre maître a une très jolie idée de tout garder en place, ma chère, » dit M. Weller ; "Je n'ai jamais vu un homme aussi sensé que lui, ni un homme aussi ordinaire."

"Oh, c'est vrai !" dit le gros garçon en se joignant à la conversation ; "N'élève-t-il pas du bon porc !" et le gros jeune lança un regard à moitié cannibale à M. Weller, en pensant aux cuisses rôties et à la sauce.

"Oh, tu t'es enfin réveillé, n'est-ce pas ?" dit Sam.

Le gros garçon hocha la tête.

"Je vais vous dire ce que c'est, jeune constructeur de boas", dit M. Weller d'une manière impressionnante, "si vous ne dormez pas un peu moins et ne faites pas d'exercice un peu plus, même si vous devenez un homme, vous vous coucherez." vous êtes exposé au même genre d'inconvénients personnels que ceux qui ont été infligés au vieux monsieur qui portait la queue de cochon.

« Que lui ont-ils fait ? » demanda le gros garçon d'une voix hésitante.

«Je vais vous le dire», répondit M. Weller; "C'était l'un des plus grands patrons jamais produits - un gros homme ordinaire, qui n'avait pas aperçu ses propres chaussures depuis quarante-cinq ans."

« Seigneur ! » s'exclama Emma.

« Non, ce n'est pas le cas, ma chère, » dit M. Weller, « et si vous aviez mis un modèle exact de ses propres jambes sur la table à manger devant lui, il ne les aurait pas connues. Eh bien, il se rend toujours à son bureau avec une très belle chaîne de montre en or d'environ un pied et demi qui pend ; et une montre en or dans sa poche gousset qui valait — j'ai peur de dire combien, mais autant qu'une montre peut valoir — un grand, lourd et rond fabricant, aussi robuste pour une montre que pour un homme. , et avec un grand visage en proportion. « Vous feriez mieux de ne pas porter ça avant de surveiller », disent les amis du vieux gentleman, « vous vous ferez voler dessus », disent-ils. 'Devrais-je?' dit-il. «Oui, voulez-vous», disent-ils. « Eh bien, dit-il, j'aimerais que le voleur qui pourrait amener ceci ici fasse attention, car je suis béni si jamais *je* le peux ; c'est tellement serré, dit-il, et chaque fois que je veux savoir quelle heure il est, je suis obligé de regarder dans les boulangeries, dit-il. Eh bien, alors il rit de bon cœur comme s'il était en morceaux, et il repart avec sa tête poudrée et sa queue de cochon, et roule le long du Strand avec la chaîne qui pend plus loin que jamais, et le grand montre ronde qui éclate presque à travers ses petites culottes grises. Il n'y a pas un seul pickpocket dans tout Londres qui n'ait tiré sur cette chaîne, mais la chaîne ne se briserait jamais, et la montre ne sortirait jamais, alors ils se sont vite lassés de traîner une vieille génération aussi lourde. Je suis sur le trottoir, et il rentrait chez lui et riait jusqu'à ce que la queue de cochon vibre comme le pendule d'une horloge hollandaise. Enfin, un jour, le vieux monsieur roulait, et il voit un pickpocket comme il le connaissait de vue, arriver, bras dessus bras dessous avec un petit garçon avec un très grand tête. "Voici un jeu", se dit le vieux monsieur, "ils vont essayer à nouveau, mais ça ne marchera pas." Alors il se met à rire très chaleureusement, même, tout d'un coup, le petit garçon lâche le bras du pickpocket, et se précipite tête première droit dans le ventre du vieux monsieur, et l'espace d'un instant le double tout de suite. avec la douleur. 'Meurtre!' dit le vieux monsieur. «Très bien, monsieur», dit le pickpocket en lui chuchotant à l'oreille. Et même s'il revenait tout de suite, la montre et la chaîne avaient disparu, et ce qui est pire que cela, la digestion du vieux monsieur était complètement mauvaise jusqu'au dernier jour de sa vie ; alors regarde autour de toi, jeune homme, et prends garde à ne pas devenir trop gros.

Tandis que M. Weller terminait ce récit moral, dont le gros garçon parut très ému, ils se dirigèrent tous trois vers la grande cuisine, dans laquelle la famille était alors rassemblée, selon la coutume annuelle de la veille de Noël, observée par les vieux. Les ancêtres de Wardle depuis des temps immémoriaux.

Au centre du plafond de cette cuisine, le vieux Wardle venait de suspendre de ses propres mains une énorme branche de gui, et cette même branche de gui provoqua instantanément une scène de lutte et de confusion générale et des plus délicieuses ; au milieu de quoi M. Pickwick, avec une galanterie qui aurait fait honneur à un descendant de lady Tollimglower elle-même, prit la vieille dame par la main, la conduisit sous la branche mystique et la salua en toute courtoisie et décorum. La vieille dame se soumettait à cette politesse pratique avec toute la dignité qui convenait à une solennité si importante et si sérieuse, mais les jeunes dames n'étant pas si profondément imbues d'une vénération superstitieuse de la coutume, ou s'imaginant que la valeur d' un salut est très grande. beaucoup amélioré s'il lui coûtait un peu de peine pour l'obtenir, criait et se débattait, courait dans les coins, menaçait et remontrait, et faisait tout sauf quitter la pièce, jusqu'à ce que certains des messieurs les moins aventureux soient sur le point de renoncer, quand ils trouvèrent tout à coup inutile de résister davantage, et se laissèrent embrasser de bonne grâce. M. Winkle embrassa la jeune femme aux yeux noirs, et M. Snodgrass embrassa Emily ; et M. Weller, sans se soucier de la manière dont il se trouvait sous le gui, embrassa Emma et les autres servantes, au moment même où il les attrapait. Quant aux parents pauvres, ils embrassaient tout le monde, même la partie la plus simple des demoiselles visiteuses, qui, dans leur trop grande confusion, couraient sous le gui, aussitôt qu'on l'accrochait, sans le savoir ! Wardle se tenait dos au feu, examinant toute la scène avec la plus grande satisfaction ; et le gros garçon en profita pour s'approprier et dévorer sommairement une tartelette particulièrement fine, soigneusement préparée pour quelqu'un d'autre.

Maintenant, les cris s'étaient calmés, et les visages étaient illuminés et les boucles emmêlées, et M. Pickwick, après avoir embrassé la vieille dame comme je l'ai mentionné précédemment, se tenait sous le gui, regardant avec un visage très satisfait tout ce qui se passait. autour de lui, lorsque la jeune dame aux yeux noirs, après avoir chuchoté un peu avec les autres jeunes dames, fit un brusque bond en avant et, passant son bras autour du cou de M. Pickwick, le salua affectueusement sur la joue gauche ; et avant que M. Pickwick comprenne clairement ce qui se passait, il fut entouré de tout le corps et embrassé par chacun d'eux.

C'était une chose agréable de voir M. Pickwick au centre du groupe, tantôt tiré d'un côté à l'autre, et s'embrassant d'abord sur le menton, puis sur le nez, puis sur les lunettes, et d'entendre les carillons des gens. des rires qui s'élevaient de toutes parts ; mais c'était une chose encore plus agréable de voir M. Pickwick, aveuglé peu après par un mouchoir de soie, tomber contre le mur, se précipiter dans les coins et parcourir tous les mystères du colin-maillard, avec la plus grande attention. savourant le jeu, jusqu'à ce qu'enfin il attrape l'un des pauvres parents ; puis il dut échapper à l'aveugle lui-même, ce qu'il fit avec une agilité et une agilité qui suscitèrent l'admiration et les applaudissements de tous les spectateurs. Les parents pauvres n'attrapaient que les gens qui, selon eux, l'apprécieraient ; et quand le jeu s'est arrêté, ils se sont rattrapés. Quand ils furent tous fatigués du colin-maillard, il y eut une grande partie de muflier, et quand suffisamment de doigts furent brûlés avec cela, et que tous les raisins secs disparurent, ils s'assirent près du grand feu de bûches flamboyantes pour un souper copieux, et un puissant bol de wassail, quelque chose de plus petit qu'un cuivre de lavoir ordinaire, dans lequel les pommes chaudes sifflaient et bouillonnaient avec un aspect riche et un son joyeux parfaitement irrésistible.

« Cela, dit M. Pickwick en regardant autour de lui, c'est vraiment du réconfort. »

«Notre coutume invariable», répondit M. Wardle. « Tout le monde s'assoit avec nous la veille de Noël, comme vous les voyez maintenant : les domestiques et tout ; et ici nous attendons que l'horloge sonne midi, pour introduire Noël et passer le temps avec des forfaits et de vieilles histoires. Trundle, mon garçon, attise le feu.

Les étincelles brillantes volaient en myriades tandis que les bûches étaient remuées, et la flamme rouge profond envoyait une riche lueur qui pénétrait dans le coin le plus éloigné de la pièce et jetait sa teinte joyeuse sur chaque visage.

« Venez », dit Wardle, « une chanson… une chanson de Noël. Je vous en donnerai un, à défaut d'un meilleur.

« Bravo », a déclaré M. Pickwick.

« Faites le plein », cria Wardle. « Il vous faudra bien deux heures avant de voir le fond du bol à travers la couleur riche et profonde du wassail ; faites le plein, et maintenant place à la chanson.

En disant cela, le joyeux vieux monsieur, d'une bonne voix ronde et robuste, commença sans plus de cérémonie :

UN CHANT DE NOEL

Je ne me soucie pas du printemps ; sur son aile inconstante

Que les fleurs et les bourgeons soient portés :

Il les courtise encore avec sa pluie perfide,

Et il les disperse avant le matin.

Elfe inconstant, il ne se connaît pas,

Ou son propre changement d'avis en une heure,

Il vous sourira au visage et, avec une grimace ironique,

Il fanera votre plus jeune fleur.

Laissez le soleil d'été courir sur son brillant home run,

Il ne sera jamais recherché par moi ;

Quand il est obscurci par un nuage, je peux rire à haute voix,

Et peu importe à quel point il est boudeur ;

Pour son enfant chéri, la folie est sauvage

Qui s'amuse dans le train d'une fièvre féroce ;

Et quand l'amour est trop fort, ça ne dure pas longtemps,

Comme beaucoup l'ont constaté à leur douleur.

Une douce nuit de récolte, à la lumière tranquille

De la lune modeste et douce,

A un éclat bien plus doux pour moi, je pense,

Que le midi large et sans rougissement.

Mais chaque feuille réveille mon chagrin,

Comme il se trouve sous l'arbre ;

Alors que l'air d'automne ne soit jamais aussi beau,

Cela ne me convient en aucun cas.

Mais ma chanson je la trolle, pour la grosse bière DE NOËL,

Le copieux, le vrai et l'audacieux ;

Un pare-chocs que je vide, et avec force et force

Donnez trois hourras pour ce vieux Noël.

Nous le ferons entrer avec un joyeux vacarme

Cela réjouira son cœur joyeux,

Et nous le garderons éveillé pendant qu'il y a une bouchée ou un souper,

Et dans une bonne camaraderie, nous nous séparerons.

Dans sa belle et honnête fierté, il dédaigne de se cacher

Un trait de ses cicatrices dues aux intempéries ;

Ce n'est pas une honte, car il y a à peu près la même trace

Sur les joues de nos goudrons les plus courageux.

Puis encore je chante jusqu'à ce que le toit sonne,

Et cela résonne d'un mur à l'autre—

Au gros vieux poids, bon accueil ce soir,

En tant que roi des saisons !

But my song I troll out, for Christmas stout,
The hearty, the true, and the bold;
A bumper I drain, and with might and main
Give three cheers for this Christmas old.
We'll usher him in with a merry din
That shall gladden his joyous heart,
And we'll keep him up while there's bite or sup,
And in fellowship good, we'll part.

Cette chanson fut tumultueusement applaudie, car les amis et les personnes à charge constituent un public capital ; et les parents pauvres surtout étaient dans de parfaites extases de ravissement. Le feu fut de nouveau ravivé et le wassail recommença.

« Comme il neige ! » » dit l'un des hommes à voix basse.

« De la neige, n'est-ce pas ? » dit Wardle.

"Nuit rude et froide, monsieur", répondit l'homme; "et il y a un vent qui le transporte à travers les champs, dans un épais nuage blanc."

« Que dit Jem ? demanda la vieille dame. « Il n'y a rien de grave, n'est-ce pas ?

« Non, non, mère », répondit Wardle ; « Il dit qu'il y a une congère et un vent glacial. Je devrais le savoir, à la façon dont ça gronde dans la cheminée.

"Ah!" dit la vieille dame, il y a eu un tel vent et une telle chute de neige, il y a de nombreuses années, je me souviens, cinq ans seulement avant la mort de votre pauvre père. C'était aussi une veille de Noël ; et je me souviens que cette nuit-là même, il nous raconta l'histoire des gobelins qui avaient emporté le vieux Gabriel Grub.

"L'histoire de quoi ?" dit M. Pickwick.

"Oh, rien, rien", répondit Wardle. "Il s'agit d'un vieux sacristain, que les braves gens d'ici supposent avoir été emporté par des gobelins."

"Supposer!" s'écria la vieille dame. « Existe-t-il un corps assez robuste pour ne pas y croire ? Supposer! N'as-tu pas entendu depuis que tu étais enfant qu'il *avait été* emporté par les gobelins, et tu ne sais pas qu'il l'était ?

"Très bien, maman, il l'était, si vous voulez", dit Wardle en riant. « Il *a été* emporté par des gobelins, Pickwick ; et c'est fini.

« Non, non, » dit M. Pickwick, « ce n'est pas fini, je vous l'assure ; car je dois entendre comment et pourquoi, et tout cela.

Wardle sourit, tandis que toutes les têtes étaient penchées pour entendre ; et remplissant le wassail sans se gêner, il fit un signe de santé à M. Pickwick et commença ainsi :

Mais bénis notre cœur éditorial, dans quel long chapitre nous avons été trahis ! Nous avions complètement oublié toutes ces petites restrictions que sont les chapitres, déclarons-nous solennellement. Alors voilà, pour donner au gobelin un bon départ dans un nouveau. Une scène dégagée et aucune faveur pour les gobelins, mesdames et messieurs, s'il vous plaît.

CHAPITRE II

L'HISTOIRE DES GOBELINS QUI VOLONT UN SEXTON

« Dans une vieille ville abbatiale, dans cette partie du pays, il y a très, très longtemps – si longtemps que l'histoire doit être vraie, car nos arrière-grands-pères y croyaient implicitement – officiait comme sacristain et fossoyeur. dans le cimetière, un nommé Gabriel Grub. Il ne s'ensuit nullement que, parce qu'un homme est un sacristain et constamment entouré d'emblèmes de mortalité, il doive être un homme morose et mélancolique ; vos pompes funèbres sont les gens les plus joyeux du monde, et j'ai eu autrefois l'honneur d'être en relations intimes avec un muet qui, dans la vie privée et hors service, était un petit garçon aussi comique et plaisant que jamais un diable pépiait. - une chanson de soin, sans accroc dans sa mémoire, ou vidangé un bon verre de grog bien raide sans s'arrêter pour respirer. Mais malgré ces précédents contraires, Gabriel Grub était un garçon mal conditionné, colérique et bourru – un homme morose et solitaire, qui ne fréquentait que lui-même, et une vieille bouteille en osier qui rentrait dans la grande poche profonde de son gilet ; et qui regardait chaque visage joyeux qui passait devant lui, avec un regard si profond de méchanceté et de mauvaise humeur, qu'il était difficile de se rencontrer sans éprouver quelque chose de pire.

« Un peu avant le crépuscule, une veille de Noël, Gabriel mit sa bêche sur son épaule, alluma sa lanterne et se dirigea vers le vieux cimetière, car il avait une tombe à terminer le lendemain matin, et se sentant très déprimé, il pensa que cela pourrait relever son des esprits peut-être, s'il se remettait immédiatement à son travail. Tandis qu'il remontait la vieille rue, il vit la lumière joyeuse des feux flamboyants briller à travers les vieilles fenêtres, et entendit les rires bruyants et les cris joyeux de ceux qui étaient rassemblés autour d'eux ; il remarqua l'agitation des préparatifs pour la bonne humeur du lendemain et sentit les nombreuses odeurs savoureuses qui en résultaient, qui montaient des fenêtres de la cuisine en nuages. Tout cela était du fiel et de l'absinthe au cœur de Gabriel Grub ; et tandis que des groupes d'enfants sortaient des maisons, trébuchaient sur la route et se rencontraient, avant de pouvoir frapper à la porte opposée, par une demi-douzaine de petits coquins aux cheveux bouclés qui se pressaient autour d'eux alors qu'ils montaient les escaliers en masse pour passer la journée. Le soir, pendant leurs jeux de Noël, Gabriel souriait d'un air sombre et serrait plus fermement le manche de sa bêche, en pensant à la rougeole, à la scarlatine, au muguet, à la coqueluche et à bien d'autres sources de consolation.

« Dans cet état d'esprit heureux, Gabriel avançait à grands pas, renvoyant un bref grognement maussade aux salutations de bonne humeur de ceux de ses voisins qui le croisaient de temps en temps, jusqu'à ce qu'il tourne dans l'allée sombre qui menait au cimetière de l'église. . Gabriel attendait maintenant avec impatience d'atteindre la ruelle sombre, car c'était en général un endroit agréable, sombre et triste, dans lequel les citadins ne se souciaient pas beaucoup d'entrer, sauf en plein jour et quand le soleil brillait ; aussi ne fut-il pas peu indigné d'entendre un jeune gamin hurler quelque chanson joyeuse sur un joyeux Noël, dans ce sanctuaire même, qu'on appelait Coffin Lane depuis l'époque de la vieille abbaye et du temps des crânes rasés. les moines. Tandis que Gabriel avançait et que la voix se rapprochait, il s'aperçut qu'elle venait d'un petit garçon qui se précipitait pour se joindre à une des petites fêtes de la vieille rue, et qui, en partie pour se tenir compagnie, en partie pour préparer lui-même, pour l'occasion, criait la chanson à plein volume de ses poumons. Alors Gabriel attendit que le garçon apparaisse, puis l'évita dans un coin et lui frappa la tête avec sa lanterne cinq ou six fois, juste pour lui apprendre à moduler sa voix. Et tandis que le garçon s'éloignait en toute hâte, la main sur la tête, en chantant un air tout différent, Gabriel Grub rit de bon cœur et entra dans le cimetière, fermant la porte derrière lui.

« Il ôta son manteau, posa sa lanterne et entra dans la tombe inachevée et y travailla pendant environ une heure, avec bonne volonté. Mais la terre était durcie par le gel, et il n'était pas très facile de la briser et de la pelleter ; et bien qu'il y ait une lune, elle était très jeune et ne jetait que peu de lumière sur la tombe, qui était dans l'ombre de l'église. En tout autre temps, ces obstacles auraient rendu Gabriel Grub très maussade et malheureux, mais il était si heureux d'avoir arrêté le chant du petit garçon, qu'il ne prêta guère attention aux maigres progrès qu'il avait faits et baissa les yeux dans la tombe. quand il eut fini de travailler la nuit, avec une sombre satisfaction, murmurant en rassemblant ses affaires :

Des logements courageux pour un, des logements courageux pour un,

Quelques pieds de terre froide, quand la vie est finie ;

Une pierre à la tête, une pierre aux pieds,

Un repas riche et juteux pour les vers ;

Rangez l'herbe au-dessus de la tête et l'argile humide autour,

Des logements courageux pour une personne, ceux-ci, en terre sainte !

« 'Ho! ho ! » rit Gabriel Grub en s'asseyant sur une pierre tombale plate qui était son lieu de repos préféré et en sortant sa bouteille en osier. « Un cercueil à Noël – une boîte de Noël. Ho! ho! ho !

« 'Ho! ho! ho ! répéta une voix qui sonnait tout près derrière lui.

« Gabriel s'arrêta, quelque peu alarmé, alors qu'il portait la bouteille en osier à ses lèvres, et regarda autour de lui. Le fond de la tombe la plus ancienne autour de lui n'était pas plus calme et plus silencieux que le cimetière de l'église au clair de lune. Le givre froid brillait sur les pierres tombales et scintillait comme des rangées de pierres précieuses parmi les sculptures en pierre de la vieille église. La neige gisait sur le sol, dure et croustillante, et s'étendait sur les monticules de terre épais, si blancs et si lisses, qu'il semblait que des cadavres gisaient là, cachés seulement par leurs suaires. Pas le moindre bruissement ne troublait la profonde tranquillité de la scène solennelle. Le son lui-même semblait figé, tout était si froid et immobile.

« C'étaient les échos », dit Gabriel Grub en portant à nouveau la bouteille à ses lèvres.

« Ce *n'était pas le cas* », dit une voix grave.

« Gabriel se leva et resta cloué sur place avec étonnement et terreur ; car ses yeux se posaient sur une forme qui lui glaçait le sang.

« Assis sur une pierre tombale verticale, près de lui, se trouvait une étrange figure surnaturelle, dont Gabriel sentit immédiatement qu'elle n'était pas un être de ce monde. Ses longues jambes fantastiques, qui auraient pu atteindre le sol, étaient relevées et croisées d'une manière étrange et fantastique ; ses bras nerveux étaient nus et ses mains reposaient sur ses genoux. Sur son corps court et rond, il portait une couverture serrée, ornée de petites entailles ; et un court manteau pendait dans son dos ; le col était coupé en pointes curieuses, qui servaient au gobelin à la place d'une collerette ou d'un foulard ; et ses chaussures étaient retroussées au niveau des orteils en longues pointes. Sur sa tête, il portait un chapeau en pain de sucre à larges bords, garni d'une seule plume. Le chapeau était recouvert de givre blanc, et le gobelin avait l'air d'être assis très confortablement sur la même pierre tombale, depuis deux ou trois cents ans. Il était assis parfaitement immobile ; sa langue était tirée, comme par dérision ; et il souriait à Gabriel Grub avec un tel sourire que seul un gobelin pouvait susciter.

« 'Ce n'étaient *pas* les échos', dit le gobelin.

« Gabriel Grub était paralysé et ne pouvait répondre.

« Que faites-vous ici la veille de Noël ? » dit le gobelin sévèrement.

« 'Je suis venu creuser une tombe Monsieur', balbutia Gabriel Grub.

Gabriel sursauta et resta cloué sur place avec étonnement et terreur.

« Quel homme erre parmi les tombes et les cimetières par une nuit comme celle-ci ? » dit le gobelin.

« 'Gabriel Grub ! Gabriel Grub ! criait un chœur sauvage de voix qui semblait remplir le cimetière. Gabriel regarda autour de lui avec effroi : on ne voyait rien.

« Qu'est-ce que tu as dans cette bouteille ? » dit le gobelin.

« Hollands, monsieur, répondit le sacristain, tremblant plus que jamais ; car il l'avait acheté aux contrebandiers, et il pensait que peut-être son interlocuteur se trouvait peut-être au service des accises des gobelins.

« 'Qui boit du Hollands seul et dans le cimetière d'une église, par une nuit comme celle-ci ?' dit le gobelin.

« 'Gabriel Grub ! Gabriel Grub ! s'exclamèrent à nouveau les voix sauvages.

« Le gobelin regarda malicieusement le sacristain terrifié, puis éleva la voix et s'exclama :

« « Et qui, alors, est notre prix juste et légal ? »

« À cette question, le chœur invisible répondit, d'une voix qui ressemblait aux voix de nombreux choristes chantant au son puissant du vieil orgue de l'église – une musique qui semblait portée aux oreilles du sacristain par un vent doux et s'éteindre comme son doux souffle continuait – mais le fardeau de la réponse était toujours le même : « Gabriel Grub ! Gabriel Grub !

« Le gobelin eut un sourire plus large qu'auparavant, en disant : 'Eh bien, Gabriel, qu'est-ce que tu dis de ça ?'

« Le sacristain avait le souffle coupé.

« 'Qu'en penses-tu, Gabriel ?' dit le gobelin en levant les pieds en l'air de chaque côté de la pierre tombale et en regardant les points relevés avec autant de complaisance que s'il avait contemplé la paire de Wellingtons la plus en vogue de toute Bond Street.

« C'est… c'est… très curieux, monsieur, répondit le sacristain à moitié mort d'effroi, très curieux et très joli, mais je pense que je vais y retourner et finir mon ouvrage, monsieur, s'il vous plaît. »

"'Travail!' dit le gobelin, "quel travail ?"

« La tombe, monsieur, je fais la tombe », balbutia le sacristain.

« 'Oh, la tombe, hein ?' » dit le gobelin, « qui fait des tombes à une époque où tous les autres hommes sont joyeux et y prennent plaisir ?

« Une fois de plus, les voix mystérieuses répondirent : « Gabriel Grub ! Gabriel Grub !

"'J'ai peur que mes amis te veuillent, Gabriel,' dit le gobelin, enfonçant sa langue plus profondément que jamais dans sa joue - et c'était une langue des plus étonnantes-'J'ai peur que mes amis te veuillent, Gabriel,' dit le gobelin.

« 'En faveur, Monsieur,' répondit le sacristain frappé d'horreur, 'je ne pense pas qu'ils le puissent, Monsieur ; ils ne me connaissent pas, monsieur, je ne pense pas que ces messieurs m'aient jamais vu, monsieur.

« 'Oh oui, ils l'ont fait', répondit le gobelin ; « Nous connaissons l'homme au visage boudeur et à l'air renfrogné, qui est descendu dans la rue ce soir, jetant ses mauvais regards sur les enfants et serrant plus fort sa pelle funéraire. Nous connaissons l'homme qui a frappé le garçon dans la méchanceté envieuse de son cœur, parce que le garçon pouvait être joyeux, mais il ne le pouvait pas. Nous le connaissons, nous le connaissons.

« Ici, le lutin poussa un rire strident, dont les échos furent multipliés par vingt, et levant ses jambes en l'air, il se plaça sur sa tête, ou plutôt sur la pointe même de son chapeau en pain de sucre, sur le bord étroit de la rivière. la pierre tombale, d'où il lançait un summerset avec une agilité extraordinaire, jusqu'aux pieds du sacristain, où il se planta dans l'attitude dans laquelle les tailleurs s'assoient généralement sur l'échiquier.

« Je… je… j'ai peur de devoir vous quitter, monsieur, dit le sacristain en faisant un effort pour bouger.

"'Laisse nous!' » dit le gobelin, « Gabriel Grub va nous quitter. Ho! ho! ho !

« Pendant que le gobelin riait, le sacristain observa un instant une brillante illumination à l'intérieur des fenêtres de l'église, comme si tout le bâtiment était éclairé ; il disparut, l'orgue tinta d'un air vif, et des troupes entières de lutins, la contrepartie même du premier, affluèrent dans le cimetière et se mirent à jouer à saute-mouton avec les pierres tombales, sans s'arrêter un instant pour prendre souffle, mais sur les plus élevés d'entre eux, l'un après l'autre, avec la dextérité la plus merveilleuse. Le premier gobelin était un sauteur des plus étonnants, et aucun des autres ne pouvait l'approcher ; même dans l'extrême terreur, le sacristain ne put s'empêcher de remarquer que tandis que ses amis se contentaient de sauter par-dessus les pierres tombales de dimensions communes, le premier prenait les caveaux familiaux, les grilles de fer et tout, avec autant de facilité que s'ils avaient Il y a eu tellement de posts dans la rue.

« Enfin, le jeu a atteint un stade des plus excitants ; l'orgue jouait de plus en plus vite, et les gobelins sautaient de plus en plus vite, s'enroulant, roulant éperdument sur le sol et bondissant par-dessus les pierres tombales comme des ballons de football. Le cerveau du sacristain se retourna avec la rapidité du mouvement qu'il voyait, et ses jambes chancelaient sous lui, tandis que les esprits volaient devant ses yeux, lorsque le roi gobelin se précipitant soudain vers lui, posa sa main sur son col et s'enfonça avec lui à travers le corps. La terre.

« Lorsque Gabriel Grub eut eu le temps de reprendre son souffle, que la rapidité de sa descente lui avait momentanément coupé, il se trouva dans ce qui semblait être une grande caverne, entouré de tous côtés par des foules de gobelins, laids et sinistres ; au centre de la pièce, sur un siège élevé, était posté son ami du cimetière ; et près de lui se tenait Gabriel Grub lui-même, incapable de bouger.

« 'Froid cette nuit', dit le roi des gobelins, 'très froid. Un verre de quelque chose de chaud, ici.

« A cet ordre, une demi-douzaine de gobelins officieux, avec un sourire perpétuel sur leurs visages, que Gabriel Grub imaginait pour cette raison être des courtisans, disparurent précipitamment, et revinrent aussitôt avec une coupe de feu liquide, qu'ils présentèrent au roi. .

« 'Ah !' » dit le gobelin, dont les joues et la gorge étaient tout à fait transparentes, en jetant la flamme vers le bas. « Cela réchauffe vraiment quelqu'un : apportez-en un pare-chocs, pour M. Grub.

« Ce fut en vain que le malheureux sacristain protesta qu'il n'avait pas l'habitude de prendre quelque chose de chaud la nuit ; car l'un des gobelins le tenait tandis qu'un autre versait le liquide flamboyant dans sa gorge, et toute l'assemblée hurlait de rire alors qu'il toussait et s'étouffait, et essuyait les larmes qui jaillissaient abondamment de ses yeux, après avoir avalé la potion brûlante.

« Et maintenant, dit le roi en enfonçant fantastiquement le coin effilé de son chapeau en pain de sucre dans l'œil du sacristain, lui causant ainsi la douleur la plus exquise – Et maintenant, montrez à l'homme de misère et de tristesse quelques-uns des des photos de notre propre grand entrepôt.

" Tandis que le gobelin disait cela, un épais nuage qui obscurcissait l'extrémité de la caverne s'éloigna progressivement et révéla, apparemment à une grande distance, un petit appartement peu meublé, mais propre et soigné. Une foule de petits enfants étaient rassemblés autour d'un feu vif, accrochés à la robe de leur mère et gambadant autour de sa chaise. La mère se levait de temps à autre et écartait le rideau de la fenêtre, comme pour chercher quelque objet attendu ; un repas frugal était déjà étalé sur la table, et un fauteuil était placé près du feu. On frappa à la porte : la mère ouvrit, et les enfants se pressèrent autour d'elle et battirent des mains de joie lorsque leur père entra. Il était mouillé et fatigué, et secouait la neige de ses vêtements, tandis que les enfants se pressaient autour de lui, et saisissant son manteau, son chapeau, son bâton et ses gants, avec un zèle occupé, il courut avec eux hors de la pièce. Puis, tandis qu'il prenait son repas devant le feu, les enfants grimpaient autour de ses genoux, et la mère s'asseyait à ses côtés, et tout semblait bonheur et réconfort.

« Mais un changement s'est produit dans la vue, presque imperceptiblement. La scène fut transformée en une petite chambre à coucher, où la plus belle et la plus jeune des enfants mourrait ; les roses avaient disparu de sa joue et la lumière de ses yeux ; et alors même que le sacristain le regardait avec un intérêt qu'il n'avait jamais ressenti ni connu auparavant, il mourut. Ses jeunes frères et sœurs se pressaient autour de son petit lit et saisissaient sa petite main si froide et si lourde ; mais ils reculèrent devant son contact et regardèrent avec crainte son visage infantile ; car aussi calme et tranquille qu'il fût, et dormant dans le repos et la paix comme semblait l'être le bel enfant, ils virent qu'il était mort, et ils savaient que c'était un ange qui les regardait de haut et les bénissait, d'un point de vue lumineux et heureux. Paradis."

De nouveau, le nuage lumineux traversa l'image et le sujet changea à nouveau. Le père et la mère étaient maintenant vieux et impuissants, et le nombre de ceux qui les entouraient avait diminué de plus de moitié ; mais le contentement et la gaieté étaient présents sur tous les visages et rayonnaient dans tous les yeux, alors qu'ils se pressaient autour du coin du feu, racontaient et écoutaient de vieilles histoires d'époques antérieures et révolues. Lentement et paisiblement, le père s'enfonça dans la tombe et, peu de temps après, celui qui partageait tous ses soucis et ses ennuis le suivit vers un lieu de repos et de paix. Les rares survivants s'agenouillèrent près de leur tombe et arrosèrent de leurs larmes le gazon vert qui le couvrait ; puis ils se levèrent et se détournèrent tristement et tristement, mais sans cris amers ni lamentations désespérées, car ils savaient qu'ils se reverraient un jour ; et une fois de plus, ils se mêlèrent au monde occupé, et leur contentement et leur gaieté furent restaurés. Le nuage se posa sur le tableau et le cacha à la vue du sacristain.

"'Que penses-tu de *cela* ?' dit le gobelin en tournant son large visage vers Gabriel Grub.

« Gabriel a murmuré quelque chose en disant que c'était très joli, et avait l'air quelque peu honteux, alors que le gobelin tournait ses yeux enflammés vers lui.

« *Vous êtes* un homme misérable ! » dit le gobelin d'un ton de mépris excessif. 'Toi!' Il parut disposé à en ajouter davantage, mais l'indignation étouffa sa voix, alors il leva une de ses jambes très souples, et la brandissant un peu au-dessus de sa tête, pour assurer son aide, il administra un bon coup de pied à Gabriel Grub ; aussitôt après, tous les lutins en attente se pressèrent autour du misérable sacristain et lui donnèrent des coups de pied sans pitié, selon la coutume établie et invariable des courtisans sur terre, qui donnent des coups de pied à qui la royauté donne des coups de pied, et embrassent ceux que la royauté embrasse.

« Montrez-lui encore un peu », dit le roi des gobelins.

« À ces mots, le nuage fut de nouveau dissipé et un paysage riche et magnifique s'ouvrit à la vue – il en existe un autre encore aujourd'hui, à moins d'un demi-mille de la vieille ville abbatiale. Le soleil brillait dans le ciel bleu clair, l'eau scintillait sous ses rayons, et les arbres semblaient plus verts et les fleurs plus gaies, sous son influence encourageante. L'eau ondulait avec un bruit agréable, les arbres bruissaient dans le vent léger qui murmurait entre leurs feuilles, les oiseaux chantaient sur les branches et l'alouette chantait dans les hauteurs, sa bienvenue au matin. Oui, c'était le matin, le matin lumineux et doux de l'été ; la moindre feuille, le plus petit brin d'herbe, était un instinct de vie. La fourmi se précipitait à son labeur quotidien, le papillon voletait et se prélassait dans les chauds rayons du soleil ; des myriades d'insectes déployaient leurs ailes transparentes et se réjouissaient de leur existence brève mais heureuse. L'homme s'avança, ravi de la scène ; et tout était éclat et splendeur.

« *Vous êtes* un homme misérable ! » dit le roi des gobelins d'un ton plus méprisant qu'auparavant. Et encore une fois, le roi des gobelins fit un grand coup de jambe ; encore une fois, il tomba sur les épaules du sacristain ; et encore une fois les gobelins qui les accompagnaient imitèrent l'exemple de leur chef.

Un paysage riche et magnifique s'est ouvert à la vue.

"Plusieurs fois le nuage allait et venait, et maintes leçons il enseigna à Gabriel Grub, qui, bien que ses épaules lui brûlaient de douleur à cause des fréquentes applications des pieds du gobelin dessus, le regardait avec un intérêt que rien ne pouvait diminuer. Il a vu que les hommes qui travaillaient dur et gagnaient leur maigre pain par une vie de travail étaient joyeux et heureux ; et que pour les plus ignorants, le doux visage de la nature était une source inépuisable de gaieté et de joie. Il voyait ceux qui avaient été délicatement nourris et tendrement élevés, joyeux malgré les privations et supérieurs à la souffrance, qui auraient écrasé bien des grains plus grossiers, parce qu'ils portaient dans leur propre sein les matériaux du bonheur, du contentement et de la paix. Il a vu que les femmes, la plus tendre et la plus fragile de toutes les créatures de Dieu, étaient les plus souvent supérieures au chagrin, à l'adversité et à la détresse ; et il comprit que c'était parce qu'ils portaient dans leur cœur une source inépuisable d'affection et de dévouement. Par-dessus tout, il voyait que les hommes comme lui, qui grondaient devant la gaieté et la gaieté des autres, étaient la mauvaise herbe la plus immonde de la belle surface de la terre ; et en opposant tout le bien du monde au mal, il arriva à la conclusion que c'était après tout un monde très décent et respectable. A peine l'avait-il formé, que le nuage qui s'était refermé sur le dernier tableau parut s'installer sur ses sens et l'endormir. Un par un, les gobelins ont disparu de sa vue, et lorsque le dernier a disparu, il s'est endormi.

Le jour était venu lorsque Gabriel Grub se réveilla et se retrouva étendu de tout son long sur la pierre tombale plate du cimetière, avec la bouteille d'osier vide à côté de lui, et son habit, sa bêche et sa lanterne, tous bien blanchis par le soleil. le gel de la nuit dernière, éparpillé sur le sol. La pierre sur laquelle il avait vu pour la première fois le gobelin assis se tenait debout devant lui, et la tombe sur laquelle il avait travaillé la nuit précédente n'était pas loin. Au début, il commença à douter de la réalité de ses aventures, mais la douleur aiguë dans ses épaules lorsqu'il tenta de se relever lui assura que les coups de pied des gobelins n'étaient certainement pas idéaux. Il fut encore une fois stupéfait, en n'observant aucune trace de pas dans la neige sur laquelle les gobelins avaient joué à saute-mouton avec les pierres tombales, mais il s'empressa d'expliquer cette circonstance lorsqu'il se rappela qu'étant des esprits, ils ne laisseraient aucune impression visible derrière eux. . Alors Gabriel Grub se releva du mieux qu'il put, à cause de sa douleur au dos ; Il épousseta son manteau, l'enfila et tourna son visage vers la ville.

Mais c'était un homme transformé, et il ne pouvait pas supporter l'idée de retourner dans un endroit où son repentir serait bafoué et où sa réforme ne serait pas crue. Il hésita quelques instants ; puis s'est détourné pour errer où il pouvait et chercher son pain ailleurs.

La lanterne, la bêche et la bouteille en osier furent retrouvées ce jour-là dans le cimetière. Au début, de nombreuses spéculations circulèrent sur le sort du sacristain, mais il fut rapidement établi qu'il avait été emporté par les gobelins ; et il ne manquait pas de témoins très crédibles qui l'avaient vu distinctement s'élancer dans les airs sur le dos d'un cheval alezan, borgne, avec l'arrière-train d'un lion et la queue d'un ours. Enfin tout cela fut profondément cru ; et le nouveau sacristain exhibait aux curieux, pour une somme modique, un morceau de bonne taille de la girouette de l'église, qui avait été accidentellement lancée par ledit cheval dans son vol aérien, et ramassée par lui-même dans le cimetière de l'église. un an ou deux après.

« Malheureusement, ces histoires ont été quelque peu perturbées par la réapparition inopinée de Gabriel Grub lui-même, une dizaine d'années plus tard, un vieil homme en haillons, content et rhumatismal. Il raconta son histoire au pasteur, et aussi au maire ; et au fil du temps, elle a commencé à être reçue comme une question d'histoire, forme sous laquelle elle a perduré jusqu'à nos jours. Les partisans de l'histoire de la girouette, ayant perdu leur confiance une fois, ne se laissèrent pas facilement convaincre de s'en séparer à nouveau. Ils parurent donc aussi sages qu'ils le pouvaient, haussèrent les épaules, se touchèrent le front et murmurèrent quelque chose sur le fait que Gabriel Grub avait tout bu. les Hollands, puis s'endormit sur la pierre tombale plate ; et ils affectèrent d'expliquer ce qu'il croyait avoir vu dans la caverne du gobelin, en disant qu'il avait vu le monde et qu'il était devenu plus sage. Mais cette opinion, qui à aucun moment n'a été populaire, s'est progressivement éteinte ; et quoi qu'il en soit, comme Gabriel Grub fut atteint de rhumatismes jusqu'à la fin de ses jours, cette histoire a au moins une morale, si elle n'en apprend pas de meilleure, c'est que si un homme boude et boit en lui-même au moment de Noël, il peut décider de ne pas s'en améliorer du tout, de laisser les esprits toujours aussi bons, ou de les laisser même à autant de degrés au-delà de toute preuve, que ceux que Gabriel Grub a vus, dans le gobelin. caverne."

CHAPITRE III

COMMENT LES PICKWICKIENS ONT FAIT ET CULTIVÉ LA CONNAISSANCE D'UN COUPLE DE GENTILS JEUNES HOMMES APPARTENANT À L'UNE DES PROFESSIONS LIBÉRALES ; COMMENT ILS SE SONT DÉPORTÉS SUR LA GLACE ; ET COMMENT LEUR VISITE EST ARRIVÉE À UNE CONCLUSION.

"Eh bien, Sam", dit M. Pickwick alors que ce serviteur privilégié entrait dans sa chambre avec son eau chaude, le matin du jour de Noël, "Toujours glacial ?"

"L'eau dans le lavabo est un masque de glace, Monsieur", répondit Sam.

« Météo violent, Sam », observa M. Pickwick.

"Beau moment pour eux et bien terminé, comme se disait l'ours polaire, alors même qu'il s'entraînait à patiner", répondit M. Weller.

«Je serai là dans un quart d'heure, Sam», dit M. Pickwick en dénouant son dernier verre.

"Très bien, Monsieur," répondit Sam. "Il y a quelques Sawbones en bas des escaliers."

"Quelques-uns de quoi!" s'écria M. Pickwick en s'asseyant sur son lit.

"Quelques Sawbones", dit Sam.

"Qu'est-ce qu'un Sawbones ?" » demanda M. Pickwick, ne sachant pas vraiment si c'était un animal vivant ou quelque chose à manger.

"Quoi! ne savez-vous pas ce qu'est un Sawbones, monsieur ? demanda M. Weller ; "Je pensais que tout le monde savait qu'un Sawbones était un chirurgien."

"Oh, un chirurgien, hein?" » dit M. Pickwick avec un sourire.

"Juste ça Monsieur," répondit Sam. « Ceux-là, comme ci-dessous, cependant, ne sont pas des Sawbones pur-sang ordinaires ; ils sont seulement en formation.

"En d'autres termes, ce sont des étudiants en médecine, je suppose ?" dit M. Pickwick.

Sam Weller acquiesça.

« J'en suis heureux, » dit M. Pickwick en jetant énergiquement son bonnet de nuit sur la couverture, « ce sont de braves gens ; de très bons gars, avec des jugements mûris par l'observation et la réflexion ; et des goûts raffinés par la lecture et l'étude. J'en suis très heureux.

"Ils fument des cigares près du feu de la cuisine", a déclaré Sam.

"Ah!" observa M. Pickwick en se frottant les mains, « débordant de bons sentiments et d'esprits animaux. Exactement ce que j'aime voir !

"Et l'un d'eux," dit Sam, ne remarquant pas l'interruption de son maître, "l'un d'eux a les jambes sur la table et boit un cognac pur, vil l'autre - lui dans les balanes." - a un tonneau d'huîtres entre ses genoux, qui est une ouverture comme de la vapeur, et aussitôt qu'il les mange, il vise avec les coquilles le jeune hydropique, qui s'endort profondément, dans le coin cheminée.

"Excentricités de génie, Sam", a déclaré M. Pickwick. "Vous pouvez prendre votre retraite."

Sam a pris sa retraite en conséquence ; et M. Pickwick, au bout d'un quart d'heure, descendit déjeuner.

«Le voici enfin», dit le vieux Wardle. « Pickwick, voici le frère de Miss Allen, M. Benjamin Allen – Ben, nous l'appelons, et vous aussi, si vous le souhaitez. Ce monsieur est son ami très particulier, monsieur...

"M. Bob Sawyer », intervint M. Benjamin Allen, sur quoi M. Bob Sawyer et M. Benjamin Allen rirent de concert.

M. Pickwick s'inclina devant Bob Sawyer, et Bob Sawyer s'inclina devant M. Pickwick ; Bob et son ami très particulier s'appliquèrent alors avec la plus grande assiduité aux mets devant eux ; et M. Pickwick eut l'occasion de les regarder tous deux.

M. Benjamin Allen était un jeune homme grossier, gros et trapu, avec des cheveux noirs coupés plutôt courts et un visage blanc plutôt long. Il était orné de lunettes et portait un foulard blanc. Au-dessous de son surtout noir à simple boutonnage, boutonné jusqu'au menton, apparaissait le nombre habituel de jambes couleur poivre et sel, terminées par une paire de bottes mal cirées. Bien que son manteau fût court au niveau des manches, il ne révélait aucun vestige d'un bracelet en lin ; et bien qu'il y ait suffisamment de visage pour permettre l'empiétement d'un col de chemise, il n'était pas orné de la moindre approche de cet appendice. Il présentait dans l'ensemble une apparence plutôt moisie et dégageait une odeur parfumée de Cubas savoureux.

M. Bob Sawyer, qui portait un gros habit bleu qui, sans être ni capote ni surtout, partageait la nature et les qualités des deux, avait autour de lui cette sorte d'élégance négligée et cette démarche fanfaronne qui est particulière aux jeunes hommes. des messieurs qui fument dans les rues le jour, crient et crient dans les rues la nuit, appellent les serveurs par leurs prénoms et commettent divers autres actes et actes d'une description tout aussi facétieuse. Il portait un pantalon à carreaux et un grand gilet grossier à double boutonnage ; et à l'extérieur, il portait un gros bâton avec un chapiteau. Il évitait les gants et ressemblait, dans l'ensemble, à un Robinson Crusoé dissipé.

Tels étaient les deux dignes auxquels M. Pickwick fut présenté, alors qu'il prenait place à la table du petit déjeuner le matin de Noël.

« Splendide matinée, messieurs », a déclaré M. Pickwick.

M. Bob Sawyer a légèrement acquiescé à la proposition et a demandé la moutarde à M. Benjamin Allen.

« Êtes-vous venus de loin ce matin, messieurs ? demanda M. Pickwick.

"Blue Lion à Muggleton", répondit brièvement M. Allen.

"Vous auriez dû nous rejoindre hier soir", a déclaré M. Pickwick.

"Nous devrions donc le faire", répondit Bob Sawyer, "mais le cognac était trop bon pour partir précipitamment : n'est-ce pas, Ben ?"

« Certainement », a déclaré M. Benjamin Allen ; "Et les cigares n'étaient pas mauvais, ni les côtelettes de porc non plus : n'est-ce pas, Bob ?"

« Décidément non », dit Bob. Et les amis particuliers reprirent leur attaque sur le déjeuner, plus librement qu'auparavant, comme si le souvenir du souper de la veille avait donné au repas une saveur nouvelle.

"Peg away, Bob", dit M. Allen à son compagnon, d'un ton encourageant.

"C'est ce que je fais", a répondu Bob Sawyer. Et donc, pour lui rendre justice, il l'a fait.

« Rien de tel que la dissection pour mettre en appétit », dit M. Bob Sawyer en regardant autour de la table.

M. Pickwick frissonna légèrement.

« Au revoir, Bob », a déclaré M. Allen, « avez-vous déjà terminé cette étape ? »

"Presque", répondit Sawyer, se servant d'un demi-poulet tout en parlant. "C'est un modèle très musclé pour un enfant."

"Est-ce que c'est?" » demanda négligemment M. Allen.

« Très », a déclaré Bob Sawyer, la bouche pleine.

«J'ai déposé mon nom pour un bras, chez nous», a déclaré M. Allen. « Nous nous battons pour un sujet, et la liste est presque pleine, mais nous ne parvenons pas à trouver un type qui veuille une tête. J'aimerais que tu le prennes.

« Non », a répondu Bob Sawyer ; "Je ne peux pas me permettre des produits de luxe coûteux."

"Absurdité!" dit Allen.

"Je ne peux pas en effet", a répondu Bob Sawyer. "Cela ne me dérangerait pas d'avoir un cerveau, mais je ne pourrais pas supporter une tête entière."

"Chut, chut, messieurs, je vous prie", dit M. Pickwick, "j'entends les dames."

Pendant que M. Pickwick parlait, les dames, galamment escortées par MM. Snodgrass, Winkle et Tupman, revenaient d'une promenade matinale.

« Seigneur, Ben ! dit Arabella d'un ton qui exprimait plus de surprise que de plaisir à la vue de son frère.

--Viens te reconduire demain, répondit Benjamin.

M. Winkle est devenu pâle.

"Tu ne vois pas Bob Sawyer, Arabella ?" » demanda M. Benjamin Allen avec quelque reproche. Arabella tendit gracieusement la main, en signe de reconnaissance de la présence de Bob Sawyer. Un frisson de haine frappa le cœur de M. Winkle lorsque Bob Sawyer infligea à la main tendue une pression perceptible.

« Ben, mon cher ! » dit Arabella en rougissant ; « Avez-vous… avez-vous été présenté à M. Winkle ?

"Je ne l'ai pas été, mais je serai très heureux de l'être, Arabella", répondit gravement son frère. Ici, M. Allen s'inclina sombrement devant M. Winkle, tandis que M. Winkle et M. Bob Sawyer jetaient un regard de méfiance mutuelle du coin de l'œil.

L'arrivée des deux nouveaux visiteurs, et le contrôle qui en a résulté sur M. Winkle et la jeune femme avec la fourrure autour de ses bottes, auraient selon toute probabilité constitué une interruption très désagréable de l'hilarité de la fête, si la gaieté de M. Pickwick et la bonne humeur de son hôte ont été déployés au maximum pour le bien commun. M. Winkle s'est progressivement insinué dans les bonnes grâces de M. Benjamin Allen et s'est même joint à une conversation amicale avec M. Bob Sawyer ; qui, égayé par l'eau-de-vie, le déjeuner et la conversation, mûrit peu à peu dans un état d'extrême facétie, et raconta avec beaucoup de joie une anecdote agréable, sur l'ablation d'une tumeur sur la tête de quelque gentleman, qu'il illustra au moyen de un couteau à huîtres et un demi-quart de pain, à la grande édification de la compagnie assemblée. Ensuite, tout le train se rendit à l'église, où M. Benjamin Allen s'endormit profondément ; tandis que M. Bob Sawyer faisait abstraction de ses pensées des affaires du monde, par le procédé ingénieux consistant à graver son nom sur le siège du banc, en lettres corpulentes d'environ quatre pouces de long.

«Maintenant», dit Wardle, après qu'un déjeuner copieux, avec les agréables plats de bière forte et d'eau-de-vie de cerise, ait été largement rendu justice; « que dis-tu d'une heure sur la glace ? Nous aurons tout le temps.

"Capital!" a déclaré M. Benjamin Allen.

"Prime!" » éjacula M. Bob Sawyer.

"Tu es en train de patiner, bien sûr, Winkle ?" dit Wardle.

« Oui… oui ; oh oui;" répondit M. Winkle. «Je… je… suis *plutôt* en manque de pratique.»

"Oh, *faites du* skait, M. Winkle", a déclaré Arabella. «J'aime *tellement le voir* .»

"Oh, c'est *si* gracieux", a déclaré une autre jeune femme.

Une troisième jeune femme a dit que c'était élégant, et une quatrième a exprimé son opinion qu'il ressemblait à un cygne.

« Je devrais être très heureux, j'en suis sûr, » dit M. Winkle en rougissant ; "mais je n'ai pas de skaits."

Cette objection fut immédiatement rejetée. Trundle en avait acheté deux paires, et le gros garçon annonça qu'il y en avait une demi-douzaine de plus, en bas des escaliers, ce à quoi M. Winkle exprima une joie exquise et parut extrêmement mal à l'aise.

Old Wardle ouvrit la voie vers une assez grande couche de glace ; et le gros garçon et M. Weller, après avoir pelleté et balayé la neige qui était tombée dessus pendant la nuit, M. Bob Sawyer ajusta ses skaits avec une dextérité qui était parfaitement merveilleuse pour M. Winkle, et décrivait des cercles avec sa gauche. jambe, et coupez les chiffres de huit ; et inscrit sur la glace, sans s'arrêter une seule fois pour respirer, un grand nombre d'autres dessins agréables et étonnants, à la satisfaction excessive de M. Pickwick, de M. Tupman et des dames ; qui atteignit un paroxysme d'enthousiasme positif, lorsque le vieux Wardle et Benjamin Allen, assistés du susdit Bob Sawyer, exécutèrent quelques évolutions mystiques, qu'ils appelèrent une bobine.

Pendant tout ce temps, M. Winkle, avec son visage et ses mains bleuies par le froid, avait enfoncé une vrille dans la plante de ses pieds, et enfilé ses skaits, avec les pointes en arrière, et avait mis les sangles de manière très compliquée et très compliquée. état intriqué, avec l'aide de M. Snodgrass, qui en savait un peu moins sur les skaits qu'un hindou. Finalement, cependant, avec l'aide de M. Weller, les malheureux skaits furent fermement vissés et bouclés, et M. Winkle fut relevé.

« Maintenant, monsieur, » dit Sam d'un ton encourageant ; "Partez avec vous et montrez-leur comment faire."

"Arrêtez, Sam, arrêtez", dit M. Winkle, tremblant violemment et saisissant les bras de Sam avec la poigne d'un homme qui se noie. "Comme c'est glissant, Sam!"

"Ce n'est pas rare sur la glace, monsieur", répondit M. Weller. "Attendez, Monsieur."

Cette dernière observation de M. Weller faisait référence à une démonstration que faisait à l'instant même M. Winkle, d'un désir frénétique de jeter ses pieds en l'air et de se cogner l'arrière de la tête sur la glace.

« Ce sont des skaits très maladroits ; n'est-ce pas, Sam ? » demanda M. Winkle, stupéfié.

"Je pense qu'il y a des gens ordinaires dedans, Monsieur", répondit Sam.

«Maintenant, Winkle», s'écria M. Pickwick, tout à fait inconscient qu'il y avait quoi que ce soit. "Viens; les dames sont toutes inquiètes.

"Oui, oui", répondit M. Winkle avec un horrible sourire. "Je viens."

« Comme c'est glissant, Sam ! »

"Je vais juste commencer", dit Sam, s'efforçant de se dégager. "Maintenant, monsieur, commencez."

"Arrêtez un instant, Sam", haleta M. Winkle, s'accrochant très affectueusement à M. Weller. "Je découvre que j'ai quelques manteaux à la maison dont je ne veux pas, Sam. Tu les as peut-être, Sam.

«Merci, monsieur», répondit M. Weller.

"Peu importe de toucher votre chapeau, Sam", dit précipitamment M. Winkle. « Vous n'avez pas besoin de retirer votre main pour faire ça. Je voulais te donner cinq shillings ce matin pour une boîte de Noël, Sam. Je te le donnerai cet après-midi, Sam.

« Vous êtes très bon, monsieur », répondit M. Weller.

« Tiens-moi juste dans mes bras au début, Sam ; veux-tu?" dit M. Winkle. « Voilà, c'est vrai. Je vais bientôt me mettre en travers de mon chemin, Sam. Pas trop vite, Sam ; Pas si vite."

M. Winkle, penché en avant, le corps à moitié plié, était aidé sur la glace par M. Weller, d'une manière très singulière et peu semblable à celle d'un cygne, lorsque M. Pickwick cria très innocemment de la rive opposée :

"Sam!"

"Monsieur?" dit M. Weller.

"Ici. Je te veux."

"Lâchez prise, Monsieur," dit Sam. « N'entendez-vous pas l'appel du gouverneur ? Lâchez prise, monsieur.

Avec un violent effort, M. Weller se dégagea de l'emprise du Pickwickien agonisant ; et, ce faisant, il donna une impulsion considérable au malheureux M. Winkle. Avec une précision qu'aucun degré de dextérité ou de pratique n'aurait pu assurer, ce malheureux gentleman descendit rapidement au centre de la bobine, au moment même où M. Bob Sawyer exécutait un spectacle d'une beauté sans précédent. M. Winkle le frappa violemment et, dans un grand fracas, ils tombèrent tous deux lourdement. M. Pickwick a couru sur place. Bob Sawyer s'était levé, mais M. Winkle était bien trop sage pour faire quoi que ce soit de ce genre en skaits. Il était assis sur la glace, faisant des efforts spasmodiques pour sourire ; mais l'angoisse se dessinait sur tous les traits de son visage.

"Es-tu blessé?" » demanda M. Benjamin Allen avec une grande inquiétude.

"Pas grand-chose", a déclaré M. Winkle en se frottant très fort le dos.

«J'aimerais que vous me laissiez vous saigner», dit M. Benjamin avec beaucoup d'empressement.

«Non, merci», répondit précipitamment M. Winkle.

"Je pense vraiment que tu ferais mieux", a déclaré Allen.

«Merci», répondit M. Winkle; "Je ne préfère pas."

« Qu'en pensez *-vous* , M. Pickwick ? » s'enquit Bob Sawyer.

M. Pickwick était excité et indigné. Il fit signe à M. Weller et dit d'une voix sévère : « Enlevez ses skaits. »

"Non; mais en réalité, j'avais à peine commencé », remontra M. Winkle.

« Enlevez ses patins », répéta fermement M. Pickwick.

Il ne fallait pas résister à cet ordre. M. Winkle a permis à Sam d'y obéir, en silence.

« Soulevez-le », dit M. Pickwick. Sam l'aida à se relever.

M. Pickwick se retira à quelques pas des spectateurs ; et, faisant signe à son ami de s'approcher, il fixa sur lui un regard scrutateur et prononça d'un ton bas, mais distinct et emphatique, ces mots remarquables :

"Vous êtes un imbécile, Monsieur."

"Un quoi!" dit M. Winkle en commençant.

« Une farce, monsieur. Je parlerai plus clairement, si vous le désirez. Un imposteur, Monsieur.

A ces mots, M. Pickwick tourna lentement les talons et rejoignit ses amis.

Pendant que M. Pickwick exprimait le sentiment qui vient d'être enregistré, M. Weller et le gros garçon, ayant, par leurs efforts conjoints, découpé une diapositive, s'exerçaient là-dessus d'une manière très magistrale et très brillante. Sam Weller, en particulier, faisait preuve de ce bel exploit de glisse sophistiquée que l'on appelle actuellement « frapper à la porte du cordonnier », et qui s'obtient en effleurant la glace avec un pied et en donnant de temps en temps un coup de facteur pour deux penny. avec l'autre. C'était une bonne et longue glissade, et il y avait dans ce mouvement quelque chose que M.

Pickwick, qui avait très froid à l'idée de rester immobile, ne pouvait s'empêcher d'envier.

"Ça a l'air d'être un bel exercice chaud, n'est-ce pas ?" » demanda-t-il à Wardle, alors que ce monsieur était complètement essoufflé, à cause de la manière infatigable avec laquelle il avait transformé ses jambes en compas et dessiné des problèmes compliqués sur la glace.

"Ah, c'est effectivement le cas", répondit Wardle. "Est-ce que tu glisses?"

"Je le faisais sur les gouttières, quand j'étais un garçon", a répondu M. Pickwick.

"Essayez-le maintenant", a déclaré Wardle.

"Oh, faites-le, s'il vous plaît, M. Pickwick", crièrent toutes les dames.

« Je serais très heureux de pouvoir vous amuser, » répondit M. Pickwick, « mais je n'ai pas fait une telle chose depuis trente ans. »

"Caca! caca! absurdité!" » dit Wardle en sortant ses skaits avec l'impétuosité qui caractérisait toutes ses démarches. "Ici; Je te tiendrai compagnie ; venez." Et le vieil homme de bonne humeur s'en alla sur le toboggan, avec une rapidité qui frôla de près M. Weller, et battit le gros garçon pour rien.

M. Pickwick s'arrêta, réfléchit, ôta ses gants et les mit dans son chapeau, fit deux ou trois courtes courses, recula aussi souvent, et enfin fit une autre course et descendit lentement et gravement le toboggan, avec ses pieds à environ une distance d'environ 100 mètres. mètre et quart l'un de l'autre, au milieu des cris de satisfaction de tous les spectateurs.

Il descendit lentement et gravement le toboggan, les pieds écartés d'environ un mètre et quart.

"Gardez le pot en réserve, monsieur", dit Sam; et Wardle redescendit, puis M. Pickwick, puis Sam, puis M. Winkle, puis M. Bob Sawyer, puis le gros garçon, puis M. Snodgrass, se suivant de près les uns les autres et courant en courant. les uns après les autres avec autant d'empressement que si toutes leurs perspectives d'avenir dans la vie dépendaient de leur expédition.

C'était la chose la plus intensément intéressante d'observer la manière dont M. Pickwick remplissait sa part dans la cérémonie : d'observer la torture d'anxiété avec laquelle il regardait la personne derrière lui, gagnant sur lui au risque imminent de le faire trébucher : le voir dépenser peu à peu la force douloureuse qu'il avait d'abord déployée, et se retourner lentement sur le toboggan, le visage vers le point d'où il était parti : contempler le sourire enjoué qui s'afficha sur son visage lorsqu'il eut accompli la distance et l'empressement avec lesquels il se retournait après l'avoir fait et courait après son prédécesseur, ses guêtres noires trébuchant agréablement dans la neige et ses yeux rayonnant de gaieté et de joie à travers ses lunettes. Et quand il fut renversé (ce qui arrivait en moyenne tous les trois rounds), c'était le spectacle le plus vivifiant qu'on puisse imaginer, de le voir rassembler son chapeau, ses gants et son mouchoir, avec un visage radieux, et reprendre son rang dans le rang, avec une ardeur et un enthousiasme que rien ne pouvait apaiser.

Le sport était à son paroxysme, la glissade était au plus rapide, les rires étaient au plus fort, lorsqu'un craquement aigu et intelligent se fit entendre. Il y eut une précipitation rapide vers la banque, un cri sauvage des dames et un cri de M. Tupman. Une grande masse de glace disparut, l'eau bouillonna dessus, et le chapeau, les gants et le mouchoir de M. Pickwick flottaient à la surface : et c'était tout M. Pickwick que tout le monde pouvait voir.

La consternation et l'angoisse étaient représentées sur tous les visages ; les mâles pâlirent et les femelles s'évanouirent ; M. Snodgrass et M. Winkle se saisirent la main et regardèrent l'endroit où leur chef était descendu avec une impatience frénétique ; tandis que M. Tupman, pour apporter l'assistance la plus rapide et en même temps transmettre à toutes les personnes pouvant être à portée de voix la notion la plus claire possible de la catastrophe, s'est enfui à travers le pays à toute vitesse en criant : « Au feu ! » de toutes ses forces et de toutes ses forces.

C'était à ce moment précis, alors que le vieux Wardle et Sam Weller s'approchaient du trou à pas prudents, et que M. Benjamin Allen tenait une consultation précipitée avec M. Bob Sawyer, sur l'opportunité de saigner la compagnie en général, comme mesure d'amélioration. un peu de pratique professionnelle : ce fut à ce moment précis qu'un visage, une tête et des épaules sortirent de sous l'eau et révélèrent les traits et les lunettes de M. Pickwick.

« Restez éveillé un instant… un instant seulement », brailla M. Snodgrass.

« Oui, faites-le ; laissez-moi vous implorer, pour mon bien, » rugit M. Winkle profondément touché. L'adjuration était plutôt inutile ; il est probable que si M. Pickwick avait refusé de se maintenir en forme pour le bien de quelqu'un d'autre, il lui serait venu à l'esprit qu'il aurait tout aussi bien pu le faire pour le sien.

« Est-ce que tu sens le fond là, mon vieux ? dit Wardle.

"Oui, certainement", répondit M. Pickwick en s'essorant la tête et le visage et en haletant. « Je suis tombé sur le dos. Au début, je n'arrivais pas à me lever.

L'argile qui recouvrait une grande partie du manteau de M. Pickwick, autant qu'elle était encore visible, témoignait de l'exactitude de cette déclaration ; et comme les craintes des spectateurs étaient encore apaisées par le fait que le gros garçon se rappelait soudain que l'eau n'avait nulle part plus de cinq pieds de profondeur, des prodiges de valeur furent exécutés pour le faire sortir. Après de nombreuses éclaboussures, craquements et luttes, M. Pickwick fut enfin assez dégagé de sa position désagréable et se retrouva de nouveau sur la terre ferme.

"Oh, il va attraper le rhume", dit Emily.

"Chère vieille chose!" » dit Arabelle. « Laissez-moi vous envelopper de ce châle, M. Pickwick.

« Ah, c'est la meilleure chose que vous puissiez faire », dit Wardle ; "Et quand vous l'aurez enfilé, courez chez vous aussi vite que vos jambes le peuvent et sautez directement dans votre lit."

Une douzaine de châles furent offerts à l'instant ; et trois ou quatre des plus épais ayant été choisis, M. Pickwick fut enveloppé et partit sous la direction de M. Weller ; présentant le phénomène singulier d'un monsieur âgé, trempé et sans chapeau, les bras attachés le long du corps, effleurant le sol sans but clairement défini, à la vitesse de six bons milles anglais à l'heure.

Mais M. Pickwick ne se souciait pas des apparences dans un cas aussi extrême, et poussé par Sam Weller, il resta à toute vitesse jusqu'à ce qu'il atteigne la porte de Manor Farm, où M. Tupman était arrivé environ cinq minutes auparavant. et il avait effrayé la vieille dame jusqu'à lui donner des palpitations de cœur, en lui donnant la conviction inaltérable que la cheminée de la cuisine était en feu — calamité qui se présentait toujours sous les couleurs les plus brillantes à l'esprit de la vieille dame, quand quelqu'un autour d'elle manifestait le feu. la moindre agitation.

M. Pickwick ne s'arrêta pas un instant jusqu'à ce qu'il soit bien au chaud dans son lit. Sam Weller alluma un feu flamboyant dans la pièce et commença son dîner ; un bol de punch fut ensuite apporté et une grande fête fut organisée en l'honneur de sa sécurité. Le vieux Wardle ne voulait pas entendre parler de son lever, alors ils firent du lit la chaise, et M. Pickwick présida. Un deuxième et un troisième bol furent commandés ; et lorsque M. Pickwick se réveilla le lendemain matin, il n'y avait aucun symptôme de rhumatisme chez lui, ce qui prouve, comme M. Bob Sawyer l'a très justement observé, qu'il n'y a rien de tel que le punch chaud dans de tels cas, et que si jamais le punch chaud échoue pour agir à titre préventif, c'est simplement parce que le malade tombait dans l'erreur vulgaire de n'en pas prendre assez.

La fête joviale s'est terminée le lendemain matin. Les ruptures sont des choses capitales à l'école, mais dans l'après-vie, elles sont déjà assez douloureuses. La mort, l'intérêt personnel et les changements de fortune brisent chaque jour de nombreux groupes heureux et les dispersent au loin ; et les garçons et les filles ne reviennent plus jamais. Nous ne voulons pas dire que c'était exactement le cas dans ce cas particulier ; tout ce que nous souhaitons informer le lecteur, c'est que les différents membres du parti se sont dispersés dans leurs diverses maisons ; que M. Pickwick et ses amis reprirent place au sommet de la voiture Muggleton ; et qu'Arabella Allen s'est rendue à son lieu de destination, où qu'il ait pu être - nous osons dire que M. Winkle le savait, mais nous avouons que nous ne le savons pas - sous la garde et la tutelle de son frère Benjamin et de son ami le plus intime et le plus particulier. , M. Bob Sawyer.

Cependant, avant de se séparer, ce gentleman et M. Benjamin Allen prirent à part M. Pickwick d'un air quelque peu mystérieux ; et M. Bob Sawyer enfonçant son index entre deux des côtes de M. Pickwick, et affichant ainsi sa drôlerie native et sa connaissance de l'anatomie du corps humain, demanda à la fois :

"Je dis, mon vieux, où traînes-tu?"

M. Pickwick a répondu qu'il était actuellement suspendu au George and Vulture.

«J'aimerais que vous veniez me voir», a déclaré Bob Sawyer.

« Rien ne me ferait plus plaisir », répondit M. Pickwick.

«Voilà mon logement», dit M. Bob Sawyer en sortant une carte, «Lant Street, Borough; c'est près de chez Guy, et c'est pratique pour moi, tu sais. Peu de distance après avoir dépassé l'église Saint-Georges, tournez à la sortie de High Street sur la droite.

«Je le trouverai», dit M. Pickwick.

"Venez jeudi semaine et amenez les autres gars avec vous", a déclaré M. Bob Sawyer, "je vais recevoir quelques médecins ce soir-là."

M. Pickwick exprima le plaisir qu'il lui ferait de rencontrer les médecins ; et après que M. Bob Sawyer l'ait informé qu'il avait l'intention d'être très confortable et que son ami Ben devait être du groupe, ils se serrèrent la main et se séparèrent.

Nous sentons que, dans cette enceinte, nous nous exposons à la question de savoir si M. Winkle murmurait, au cours de cette brève conversation, à Arabella Allen, et si oui, ce qu'il a dit ; et en outre, si M. Snodgrass conversait à part avec Emily Wardle, et si oui, ce qu'il *a* dit. A cela, nous répondons que quoi qu'ils aient pu dire aux dames, ils n'ont rien dit du tout à M. Pickwick ou à M. Tupman pendant vingt-huit milles, et qu'ils soupiraient très souvent, refusaient la bière et le cognac, et avait l'air sombre. Si nos lectrices observatrices peuvent déduire des conclusions satisfaisantes de ces faits, nous les supplions par tous les moyens de le faire.

www.ingramcontent.com/pod-product-compliance
Lightning Source LLC
LaVergne TN
LVHW041753190726
843493LV00008B/2600